HERBES ET ÉPICES

Herbes et épices

Des origines à votre table

Données de catalogage avant publication (Canada)

Forget, Louise

Herbes et épices : des origines à votre table

Comprend un index.

ISBN 2-89249-992-5

1. Épices. 2. Herbes. 3. Cuisine (Épices). 4. Cuisine (Fines herbes).
5. Condiments. I. Titre.

TX406.F67 2001   641.3'383   C2001-940547-2

Conception graphique et mise en pages : Cyclone Design Communications

Révision linguistique : Monique Thouin

© 2001 Éditions du Trécarré

Nous reconnaissons l'aide financière du gouvernement du Canada par l'entremise du Programme d'aide au développement de l'industrie de l'édition (PADIÉ) pour nos activités d'édition ; du Conseil des Arts du Canada ; de la SODEC ; du gouvernement du Québec par l'entremise du Programme de crédit d'impôt pour l'édition de livres (gestion SODEC).

ISBN 2-89249-992-5

Dépôt légal 2001

Bibliothèque nationale du Québec

Imprimé au Canada

Éditions du Trécarré

Outremont (Québec) Canada

1 2 3 4 5   05 04 03 02 01

Table des matières

Introduction 7

Historique des herbes 11

Les herbes 21

Historique des épices..37

Les épices..47

Les condiments 65

Les recettes 73

Index 141

Introduction

Vous êtes-vous déjà demandé ce qu'ont en commun le galanga, l'hysope, le sumac ou encore... le garam masala ? Peut-être avez-vous déjà vu ces noms dans quelque livre de recettes, ou bien au hasard d'un menu déroutant ! Rassurez-vous ! Loin d'être des maladies étranges ou de lointaines contrées, il s'agit en fait d'herbes et d'épices... tout simplement !

De tout temps, les herbes et les épices ont parfumé d'effluves le patrimoine culinaire mondial. Depuis l'époque de nos grand-mères, où la maison embaumait le girofle, le laurier, la cannelle ou la vanille, jusqu'à nos jours où, grâce à l'ouverture multiethnique, un nouvel éventail de saveurs est offert à notre plaisir, c'est tout un univers de sens qui s'étale sur nos papilles ravies. Des multiples variétés de poivre en passant par la cardamome, le raifort ou le wasabi, les herbes et les épices transforment littéralement l'art de la table en une symphonie de saveurs exotiques et enivrantes.

Il importe de distinguer les herbes (thym, basilic, origan) de l'épice (girofle, muscade), de l'aromate (vanille, safran) et du condiment (sel, poivre, moutarde). L'aromate désigne tout produit doté d'un arôme utilisé pour parfumer un plat. L'épice, elle, est un aromate à la saveur brûlante et au parfum chaud (graines de coriandre). Le condiment, pour sa part, est souvent perçu comme un légume à saveur soit acide, piquante, froide ou brûlante (oignon, câpre, moutarde, raifort). Le terme est assez vaste, puisque tout ce qui est comestible peut devenir un condiment, à condition qu'il soit utilisé pour assaisonner un plat.

Il vous est peut-être arrivé, au hasard de vos promenades dans les marchés publics, les épiceries fines ou encore devant les multiples étalages des boutiques de denrées étrangères, de découvrir certaines saveurs nouvelles ou parfois même franchement intrigantes. En parcourant les rues du regard, vous avez aussi sûrement remarqué, l'été dans les villes, que les balcons s'ornaient systématiquement de fleurs, mais aussi d'une multitude de plantes et d'herbes aromatiques. Peut-être avez-vous l'intention d'y participer et de créer enfin votre propre jardin d'herbes.

Les poètes ont toujours célébré les vertus des plantes odorantes et de leurs fabuleux parfums. Depuis l'Antiquité, les herbes et les épices sont un peu la poésie de la cuisine. Avec une telle palette de saveurs entre les mains, nous voilà peintre ou chef d'orchestre continuellement à la recherche de la touche personnelle magique qui épatera nos convives.

La panoplie des plantes odorantes en vente sur le marché ne demande qu'à être dévoilée. Les usages planétaires multiples des plantes finiront peut-être par modifier encore plus radicalement nos habitudes alimentaires. Avec la popularité sans cesse croissante des propriétés médicinales et cosmétiques des aliments, des plantes de toutes sortes sont offertes en capsules, en comprimés, sous forme d'élixirs ou d'huiles essentielles dans les magasins d'aliments naturels et les herboristeries. Il ne fait aucun doute que les épices et les fines herbes peuvent rehausser divinement tant nos repas ordinaires que nos soupers en famille ou entre amis.

Les herbes agrémentent les sauces et les salades, et les ponctuent d'une fraîcheur unique. Les épices ajoutent un soupçon de malice à nos expériences culinaires. L'ajout des plantes à nos habitudes alimentaires contribue à ensoleiller notre alimentation et notre qualité de vie.

Un survol historique vous permettra de mieux vous situer quant au long voyage qu'ont fait les herbes et les épices à travers les siècles et dans le monde, avant d'arriver sur nos tables. Enfin, quelques trucs et conseils, agrémentés de recettes originales, vous permettront d'expérimenter une multitude de plats dignes d'un festin de roi ou... de Bacchus ! L'univers subtil des plantes saura à coup sûr vous en convaincre.

chapitre 1

Historique des herbes

Histoire des herbes

Dans l'Antiquité, le mot *herbe* avait un sens très étendu, servant entre autres à nommer ce que nous appelons aujourd'hui des légumes. À l'époque des Romains, de Pline et d'Hippocrate, on les faisait sécher pour les conserver toute l'année. Mais bien avant qu'on ne les utilise en cuisine, ce sont les apothicaires qui les conservaient précieusement pour en faire un usage médicinal. Le *silphium* et le *latifolium* étaient des herbes très convoitées. Certaines recettes d'Apicius comportent un nombre impressionnant d'épices et de plantes aromatiques. Aujourd'hui, on ne les utilise presque plus.

Pendant des siècles, les herbes ont surtout été l'arme principale dont on disposait afin de prévenir et de combattre les maladies. Au Moyen Âge, on dit que ce sont les sorcières et les druides qui les utilisaient, particulièrement l'if et la ciguë, et de nombreuses autres substances servant à empoisonner ou à jeter des mauvais sorts. Les sorcières usaient d'espèces aussi innocentes que l'ail, l'oignon, l'anis et le persil. Les herbes étant destinées à produire des effets magiques, leur emploi devait obéir à des forces occultes selon des rituels très précis.

Dans les jardins de Babylone, les herbes étaient généralement cueillies au clair de lune alors qu'elles bénéficiaient encore de la protection de Sin, la déesse lunaire. Selon une légende irlandaise, les plantes médicinales seraient nées de la terre où était enseveli un héros, leur pouvoir curatif s'appliquant respectivement aux parties anatomiques qui les avaient engendrées. On les aurait malencontreusement mélangées par négligence et c'est pourquoi, depuis, les hommes s'acharneraient à mettre de l'ordre dans cette confusion.

Dans l'Égypte ancienne, les plantes aromatiques étaient surtout utilisées par les embaumeurs à des fins cosmétiques. Parallèlement, en favorisant le culte d'Osiris, vers 2850 à 300 av. J.-C., on aromatisait aussi les bières blondes et brunes, légères ou fortes, à la menthe, à l'origan ou au persil. Au Moyen Âge, on faisait fréquemment précéder et suivre les repas de boissons aux herbes censées ouvrir l'appétit ou faciliter la digestion. Ces boissons sont connues de nos jours sous les termes d'apéritifs et de digestifs. Pour le cuisinier, finalement, une herbe est avant tout une plante susceptible de communiquer son parfum aux différents plats, elle sert à aromatiser les boissons et à préparer les infusions.

Culture et conservation

On dit qu'il existe dans le monde plus de 3 000 herbes comestibles, la plupart n'étant pas utilisées. Les fines herbes aromatiques se divisent en deux grandes familles : les labiées et les ombellifères. Les labiées sont ainsi nommées à cause de leurs feuilles en forme de lèvres ; elles fleurissent vite et affectionnent le soleil et un sol plutôt sec. Ces plantes croissent en bonne partie dans les régions montagneuses ou sous un climat tempéré (Méditerranée). Leur nectar est particulièrement odorant. Au Québec, plusieurs de ces espèces ont été naturalisées, dont l'origan, la menthe, le romarin, le basilic et la sarriette d'été. On peut même retrouver quelques variétés de serpolet à Montréal, sur le sommet du mont Royal. Par ailleurs, on recense environ 2 600 espèces d'ombellifères, nommées ainsi à cause de leurs ombrelles, dès la floraison. Ces plantes préfèrent les terres profondes et riches, et leur odeur est un peu plus âpre. L'aneth, le cerfeuil, le persil et la coriandre en font partie.

Votre jardin d'herbes

Pour cultiver un jardin d'herbes aromatiques, il faut d'abord un sol bien drainé, de la terre neutre à légèrement calcaire ou légèrement acide et au moins cinq heures d'ensoleillement par jour. On peut ajouter une couche de gravier dans les premières couches. La plupart des fines herbes se cultivent bien à l'extérieur, mais demandent beaucoup d'entretien. Une fois qu'elles sont en pleine croissance, on suggère de les récolter le matin, aussitôt la rosée disparue, afin que la chaleur n'en fasse pas évaporer les huiles essentielles. À l'hiver, les plantes comme le romarin et la lavande doivent être rentrées. On conseille de laisser les plantes les plus solides dehors, en s'assurant au préalable de leur protection.

Culture intérieure

Les herbes cultivées à l'intérieur nous alimenteront hiver comme été. Dès la mi-mars, il est possible d'entamer la germination. Pour ce faire, il faut se munir de petits casseaux de tourbe ou de plastique noir, à l'intérieur desquels on place les graines en prenant bien soin de les identifier. On les recouvre ensuite d'une structure en forme de serre qui offre l'humidité nécessaire pour que les graines germent. On retrouve facilement au printemps des trousses de départ à prix modique dans les quincailleries et les grands magasins. Pendant la germination, il faut s'assurer que la terre est toujours humide et maintenir les bacs éloignés des rayons du soleil et autres sources de chaleur. Une fois que les semences sont arrivées à terme, il importe de choisir des contenants qui favoriseront un bon drainage afin de maintenir un taux d'humidité constant malgré qu'il faille à cette étape exposer les plantes en plein soleil. On peut, par exemple, ajouter des cailloux au fond des bacs et remplir ces derniers d'eau jusqu'à deux centimètres de la surface avant d'y poser les pots.

Il est préférable de planter les jeunes pousses dans un mélange composé de compost, de sable et de terreau. Le thym et le romarin feront un très joli effet dans des jardinières suspendues. Le basilic, le cerfeuil, la ciboulette, l'estragon, la marjolaine, le fenouil, la sauge, le thym et le romarin sont aussi des herbes facilement cultivables, mais elles exigent des soins constants. On peut planter les herbes en alternance dans un bac à fleurs que l'on placera ensuite dans une fenêtre exposée au sud. N'oubliez pas de laisser assez d'espace entre les plants pour qu'ils s'épanouissent.

Vous trouverez dans les revues et dans les magazines beaucoup d'idées de décoration pour ornementer vos bacs à fleurs et vos jardinières. N'hésitez pas à les consulter. Ils vous fourniront des idées géniales pour personnaliser votre jardin d'herbes !

Modes de conservation

Vous avez eu une bonne récolte ? Il faut maintenant apprendre comment la conserver. On peut garder les herbes dans le sel (herbes salées) ou encore dans le vinaigre, l'huile d'olive, le beurre et l'alcool. Le séchage et la congélation sont aussi des techniques fréquemment employées.

Trucs de congélation

Plusieurs fines herbes peuvent être congelées : le basilic, par exemple, la ciboulette, l'estragon ou même la menthe. On conseille de ne congeler que les jeunes tiges ou les jeunes feuilles, sans mélanger les espèces. Pour débuter, lavez les feuilles à l'eau froide, puis secouez-les, asséchez-les et mettez-les dans une passoire. Plongez finalement les herbes dans l'eau bouillante. Blanchissez pendant 30 secondes. Retirez la passoire et plongez immédiatement dans l'eau glacée. Laissez reposer une minute, puis secouez les feuilles pour égoutter. Il suffit ensuite de compacter le tout dans des bacs à glaçons ou des sacs en plastique sous vide que vous refermerez hermétiquement. Apposez en dernier une étiquette indiquant le nom de la plante et sa date de congélation.

Trucs de séchage

Pour faire sécher les fines herbes, il faut d'abord couper les tiges aux ciseaux. Lavez ensuite délicatement les feuilles et secouez-les pour en enlever l'eau. Après les avoir détachées des tiges, posez les feuilles une par une sur une moustiquaire ou sur une feuille de papier. Laissez sécher à l'intérieur dans un endroit chaud et sec à l'abri des rayons du soleil, jusqu'à ce que les feuilles s'émiettent. S'il fait trop humide, mettez-les quelques minutes au four à basse température, pour en accélérer le séchage. On peut également faire sécher les racines. Ramassez-les de préférence à l'automne ou au début du printemps. Après les avoir lavées, coupez-les en tranches et mettez-les à sécher. Vous pouvez également le faire au four, à basse température, au besoin, pour accélérer le séchage.

Une fois vos herbes séchées, il est préférable de les enfermer dans des contenants hermétiques. On doit d'abord s'assurer qu'il n'y

ait aucune condensation dans les bocaux. Vous pouvez ranger les fines herbes dans un endroit sombre et frais ou encore les suspendre liées en bottes dans un endroit sec. Le persil, le basilic, la ciboulette, le fenouil et la menthe perdent leur arôme en séchant; il vaut mieux les congeler. Les autres herbes sécheront naturellement.

Usage médicinal et cosmétique des fines herbes

Saviez-vous que les herbes sont bien plus que de simples aromates? Leurs vertus médicinales et cosmétiques ont depuis longtemps été prouvées. La phytothérapie (thérapeutique par les plantes) s'est développée à l'époque gréco-romaine, à la suite de l'essor de la botanique.

Les préparations à base de plantes se présentent sous diverses formes, les plus pratiques étant les infusions, les décoctions, les onguents et les huiles. Plus les feuilles des plantes sont fraîches, plus leur efficacité thérapeutique est grande. Il est important de bien reconnaître les plantes cueillies dans la nature. Certaines contiennent du poison plus ou moins violent et peuvent être toxiques. Les préparations que l'on fait soi-même exigent une connaissance parfaite de leurs diverses propriétés, car n'importe quelle substance naturelle peut provoquer des réactions allergiques. On suggère de tester d'abord une petite quantité du produit et d'attendre trois jours. Si aucune allergie ne se manifeste, vous pouvez l'utiliser sans crainte. Attention! Certaines herbes ne font pas bon ménage avec des médicaments. Consultez votre pharmacien. Certains médicaments comme la quinine, la morphine et les vitamines sont des dérivés de plantes. On estime à 40 % les produits chimiques de synthèse qui seraient des dérivés des plantes. Les herbes vendues dans les commerces sont généralement séchées. On trouve de plus en plus de fines herbes fraîches dans les marchés, les fruiteries, chez certains épiciers, ainsi que chez les herboristes et dans les magasins d'aliments naturels.

Pour faire une infusion

Versez 1/2 litre (2 tasses) d'eau bouillante sur 10 ml (2 c. à thé) d'herbes séchées de votre choix. Laissez infuser 10 minutes avant de la boire; 3 heures pour un usage externe.

Fines herbes en décoction

Calculez les mêmes proportions que pour l'infusion, mais chauffez à feu doux dans une casserole couverte de 5 à 10 minutes.

Des onguents

Comptez 1/5 d'herbes en poudre pour 4/5 de graisse inodore (saindoux) chauffée. Remuez le mélange et ajoutez quelques gouttes de teinture de benjoin pour la conservation. Le benjoin est un extrait végétal utilisé dans la fabrication de médicaments et de parfums. Il doit toujours être dilué. On peut se procurer de la teinture de benjoin chez les marchands de produits naturels ou chez votre pharmacien.

Pour préparer les huiles

Les huiles se préparent soit avec des pétales de fleurs fraîches, soit avec des plantes odorantes macérées dans l'huile pure et inodore. Au bout de 1 ou 2 jours, on les jette et on les remplace par de nouvelles fleurs, en répétant le processus 7 ou 8 fois, jusqu'à ce que l'huile ait acquis un arôme aussi puissant que la plante d'origine.

chapitre 2

Les
Lherbes

Aneth

Originaire d'Asie. Son nom vient du grec *anethon*, fenouil (*dill* en saxon). Attention de ne pas confondre l'aneth avec le fenouil (*foeniculum vulgare*), qui, lui, vient des régions méditerranéennes.

Cette plante est connue depuis l'Antiquité. On en fait même mention dans la Bible. Associée à la joie et au plaisir dans la Rome antique, elle était aussi un symbole de vitalité et aidait à cicatriser les plaies des gladiateurs. Au Moyen Âge, en Grande-Bretagne, les jeunes mariés se préservaient de la sorcellerie en en parsemant... leurs souliers !

Culture

De la famille des ombellifères, l'aneth est une plante annuelle dont les feuilles sont découpées et ressemblent à des fougères surmontées d'une ombelle à fleurs jaunes. Le plant peut atteindre de 60 cm à 80 cm de haut. On conseille de semer l'aneth en pleine terre, en avril ou en mai ou encore en automne. La plante se ressème souvent par elle-même. Elle a besoin d'un sol riche et ensoleillé. Ses graines, petites, aplaties et ovales, font partie de la famille des épices.

Usages

L'aneth complète parfaitement les marinades. Il aromatise bien les salades et les poissons (le saumon surtout). On en parfume parfois le pain. Cette herbe se retrouve fréquemment dans les cuisines scandinave et allemande. En infusion, en plus d'avoir des propriétés calmantes et digestives, elle est excellente contre le hoquet!

Angélique

L'angélique est surtout utilisée en Chine et en Europe du Nord. Toutes les parties de cette plante sont aromatiques. Les tiges sont employées confites dans la préparation des desserts. Quant aux graines, elles entrent dans la composition des pâtisseries et les racines se retrouvent dans de nombreuses liqueurs. Attention, les grandes quantités d'angélique doivent être récoltées avec des gants afin d'éviter l'inflammation de la peau causée par certaines substances contenues dans les racines.

Anis

Le nom vient du grec *anison*, qui signifie « faire jaillir ». L'origine de cette plante de culture très ancienne est inconnue. On l'utilisait autrefois chez les Égyptiens, les Grecs et les Arabes. Les Chinois la considèrent comme une plante sacrée : ses graines servaient à aromatiser les mets des repas de noce.

Culture

L'anis est une plante annuelle délicate qui peut atteindre 45 cm de haut. Semer les graines fraîches en mai. Dès l'été, l'anis se pare de petites fleurs blanches. On le récolte à la rosée, un mois après la floraison.

Usages

L'anis est utilisé dans la confection du pastis et de diverses liqueurs, ainsi que dans la confection de biscuits, de gâteaux et d'autres desserts. Il parfume agréablement la tarte aux pommes. Les feuilles aromatisent les soupes et les poissons.

Anis étoilé ou badiane

Originaire de Chine, l'anis étoilé, aussi appelé badiane, est le fruit d'un petit arbre qui peut atteindre huit mètres de haut. Ses fleurs jaunes donnent naissance à des fruits bruns qui, en mûrissant, prennent la forme d'une étoile.

Usages

L'anis étoilé entre dans la composition de la poudre de cinq-épices fabriquée en Chine. Son huile essentielle est utilisée dans les liqueurs comme l'anisette. L'anis convient bien dans les mets occidentaux à base de porc, de canard, de poulet et de légumes sautés, les plats mijotés, le poisson et même... la citrouille !

Basilic

Cette plante aromatique originaire de l'Inde et dont le nom provient du grec *basilikon*, qui veut dire « roi », possède aussi le

Herbes et épices

surnom d'«herbe royale». Annuelle, elle se présente sous quatre variétés différentes : le grand basilic vert, avec ses feuilles larges ; le fin vert nain compact (petites feuilles vertes parfumées) ; le pourpre frisé (variété à feuilles rouges aux bords découpés) ; et le pourpre opale (feuilles dentelées et arôme plus épicé du gingembre).

Culture

Le plant peut atteindre de 30 cm à 45 cm de haut. Sa germination est facile. On doit semer le basilic dehors, lorsque le temps est assez chaud, en sol riche, dans un endroit abrité et pincer les pousses principales pour obtenir une plante trapue. On cultive le basilic dans un sol humide et bien drainé, plein soleil. Les semis peuvent se faire à l'intérieur dès le mois de mars ou d'avril.

Usages

Le basilic est délicieux en salade, avec les tomates, mais surtout avec les pâtes sous forme de pesto légèrement salé, avec le poisson, le poulet et dans les soupes et les plats mijotés. En Italie, les cuisiniers conservent ses feuilles dans l'huile d'olive. Ancien remède indien, cette plante possède des propriétés toniques et normalise la pression artérielle. En infusion, le basilic a une action bénéfique pour contrer les maux de tête.

Trucs

Dans le jardin, plantez un plant de basilic en alternance avec les plants de tomates. Le goût de vos tomates s'en trouvera relevé.

Carvi

Le nom de cette plante vient de l'arabe *karwaia*. Originaire d'Asie, cette ombellifère à fleurs blanches minuscules possède un feuillage qui ressemble à celui de la carotte. La plante peut atteindre 60 cm de haut.

Culture

On peut cultiver le carvi, en pleine terre, dès avril. On suggère de la transplanter par la suite en plein soleil. Son odeur ressemble à celle de la carotte ou de l'anis.

Le carvi facilite la digestion des aliments lourds. On l'utilise habituellement dans la préparation de la choucroute, ainsi qu'avec des viandes grasses ou des charcuteries. Il aromatise aussi parfaitement le pain, le fromage, les carottes et certaines liqueurs.

Cerfeuil

Le nom provient du grec *kairephyllon,* qui signifie « feuille de Cérès », la déesse des Moissons. Originaire du Moyen-Orient, le cerfeuil fut introduit en France comme plante médicinale au cours des Croisades. Il symbolisait la résurrection pour les Grecs et les Romains. Dans certains pays, il est de tradition d'en manger le Jeudi saint.

Culture
Le cerfeuil est une plante ombellifère à feuilles triangulaires découpées et à fleurs blanches. Ses fruits sont de forme allongée à fleurs noires et le plant peut atteindre 30 cm de haut. Les feuilles froissées dégagent un parfum qui ressemble à celui de la réglisse ou du persil. On suggère de semer les graines de cerfeuil en pleine terre à la volée dès avril. La plante prend environ deux semaines pour germer et se ressème d'elle-même. Elle doit être exposée au soleil ou à la mi-ombre.

Usages
Le cerfeuil est idéal dans les soupes, les salades et les omelettes, et entre dans la composition des bouquets garnis.

Ciboulette

La ciboulette appartient à la famille de l'oignon. Elle en a le goût, en plus subtil. Déjà connue en Chine et en Inde, au Moyen Âge la ciboulette se vendait à la criée sous le nom d'« appétits ».

Culture
Le plant peut atteindre 40 cm de haut, est vivace et se multiplie rapidement.

Usages

La ciboulette est riche en vitamines A et C. Ses fleurs mauves sont aussi comestibles et rendent les salades appétissantes et colorées. On utilise les feuilles finement ciselées pour agrémenter les préparations à base d'œufs (les omelettes, notamment). Une pincée de ciboulette apporte une touche finale aux assiettes de crudités, aux soupes ou aux sauces.

Citronnelle

Cette plante asiatique aux feuilles longues et effilées a aussi une racine fibreuse en forme de bulbe. Reconnu pour son parfum citronné très prononcé, cet ingrédient typique de la cuisine thaïlandaise, n'est pas toujours facile à trouver dans les marchés d'Occident, mais vous pourrez certainement en dénicher dans les épiceries orientales.

Usages

La citronelle accompagne agréablement les currys, les soupes, les ragoûts et les plats à base de poulet et de fruits de mer. Elle peut être remplacée par un zeste de citron et un peu de gingembre frais râpé.

Coriandre

Son nom vient du grec *koris* et *andros,* qui signifie «mari de la punaise». Il lui a été donné à cause de l'odeur parfois désagréable de ses graines fraîches. Originaire d'Europe méridionale et du Moyen-Orient, la coriandre est l'une des herbes aromatiques les plus répandues dans le monde. Elle était autrefois considérée comme vénéneuse et on s'en servait dans certains rites religieux, notamment lors de la Pâque Juive.

Culture

La plante annuelle peut atteindre 45 cm de haut. On peut la semer en pleine terre, de préférence sablonneuse. Elle demande beaucoup d'ensoleillement.

Usages

Toutes ses parties sont comestibles. Les feuilles d'un vert clair sont décoratives avec de petites fleurs blanches ou mauves. Le goût est assez prononcé. Les jeunes feuilles ont un goût de zeste d'orange et contiennent beaucoup de vitamines A et B. On conseille d'utiliser la coriandre à petites doses avec le poisson, la volaille et dans les sauces à base de yogourt. Au Mexique, on parfume les salsas et les guacamoles avec ses feuilles ciselées. Les feuilles fraîches se conservant peu de temps, on suggère de mettre les tiges dans un verre d'eau et d'en parsemer les plats à la dernière minute. Les racines finement ciselées relèvent aussi bien le goût des currys que celui des ragoûts. Les graines s'utilisent, légèrement grillées, moulues ou pilées au mortier, dans les plats de viande ou de légumes. Elles servent à la fabrication de liqueurs et de certains produits pharmaceutiques. La coriandre accompagne très bien le chili traditionnel.

Estragon

Le nom latin de l'estragon signifie « petit dragon » en raison de la forme de ses racines. Originaire de Sibérie, l'estragon est une plante vivace qui ressemble à un buisson.

Culture

La culture intérieure est particulièrement aisée. Comme l'estragon ne fait pas de graines, on doit en acheter un pied et le multiplier en boutures. Le plant peut atteindre 70 cm de hauteur. Il préfère un sol riche et bien drainé. Son odeur est légèrement anisée et poivrée.

Usages

L'estragon agrémente très bien la volaille, le veau, mais aussi les omelettes et les marinades. Sur le plan médicinal, l'estragon stimule l'appareil digestif et est efficace contre le hoquet. L'infusion est excellente.

Fenouil

Originaire d'Europe, le fenouil est utilisé depuis des milliers d'années comme herbe ou épice, mais aussi comme légume. Dans l'Antiquité, la plante était connue des Romains et des Grecs et se retrouvait également en Chine, en Inde et en Égypte.

Culture
Il existe plusieurs variétés de cette plante vivace, dont le fenouil sauvage et le fenouil commun, ce dernier ayant un goût plus amer, mais aussi le fenouil de Florence, plante annuelle et cultivée pour son bulbe et pour ses jeunes tiges. Les différentes espèces ont des feuilles plumeuses et de jolies fleurs qui s'épanouissent en été.

Usages
En cuisine, le fenouil accompagne les poissons frais ou fumés. Les feuilles bleu-vert du fenouil de Florence entrent dans la composition de salades ou dans la décoration des plats. On utilise aussi ses feuilles fraîches ciselées pour agrémenter les sauces, les farces et les soupes. Les graines sont utilisées principalement dans la fabrication du pain, des craquelins, des saucisses et dans la préparation de différentes farces de viande épicées, des currys, ainsi que de plats contenant du chou et des pommes.

Hysope

Aussi appelée herbe de Joseph, cette plante fut très utilisée par les Grecs et les Romains jusqu'au Moyen Âge où elle était très répandue.

Depuis, elle a presque déserté nos tables et n'est plus employée que dans la fabrication de liqueurs dont le pastis et la chartreuse. Ses qualités tant digestives qu'antibactériennes devraient nous encourager à lui faire retrouver le chemin de nos cuisines.

Usages
L'hysope accompagne particulièrement bien les farces, la volaille, le gibier, mais aussi les viandes.

Laurier

Originaire d'Asie mineure mais largement implanté dans les pays méditerranéens, le laurier est un arbuste qui peut atteindre une taille imposante avec ses feuilles brillantes et vert foncé.

Conservation

On peut conserver ses feuilles fraîches au réfrigérateur. Pour les sécher, on conseille de suspendre les branches dans un endroit sec et bien aéré. Les feuilles gagnent de l'arôme en séchant. Il faut les conserver à l'abri de la lumière dans un récipient hermétique.

Usages

On l'utilise comme aromate dans les bouquets garnis. Ses fleurs sont d'un jaune crémeux. Le laurier se marie à presque tous les autres ingrédients, tant dans les plats salés de viande ou de poisson que dans les plats sucrés, en passant par les sauces. N'oubliez pas de toujours enlever les feuilles des plats cuisinés avant de servir.

Marjolaine (voir aussi Origan)

Il existe deux types de marjolaine.

Culture

La marjolaine officinale (*origanum majorana*) est une plante vivace qui peut atteindre 60 cm. On conseille de la semer en avril ou en mai. Les feuilles sont jaunes et les rameaux, fleuris. Récolter en août ou en septembre, en pleine floraison, et sécher à l'ombre. La marjolaine origan (*origanum vulgare*) est une plante vivace qui peut atteindre 30 cm à 40 cm. Elle est commune à la campagne, où elle pousse au bord des routes.

Usages

On utilise les feuilles et les jeunes pousses de la marjolaine officinale comme condiments. Son huile essentielle est utilisée dans les bains, les lotions et les fumigations.

Les feuilles de la marjolaine origan, d'un vert grisâtre, peuvent servir de condiment. On les utilise aussi en infusion. La plante a des propriétés toniques et est utilisée contre les affections respiratoires.

Menthe

Le nom *mentha* est issu de la mythologie grecque. On dit que la déesse Minthè, surprise avec Pluton par une autre déesse, fut aussitôt métamorphosée en cette plante. Il existe plus de 600 espèces reconnues de menthe dans le monde, presque toutes possédant des parfums aux nuances différentes, mais la menthe verte et la menthe poivrée sont les plus communes en cuisine.

Culture

La menthe prospère bien dans un sol frais. Il faut planter les morceaux de racine de 10 cm à 15 cm de long sous 5 cm de terre riche ou humide au printemps ou en hiver.

Usages

La menthe verte est idéale dans les sauces ou les gelées. Au Moyen-Orient et en Afrique du Nord, on l'utilise pour aromatiser le thé et les boissons, mais aussi l'agneau, les ragoûts, la volaille. En Occident, on l'utilise surtout dans la préparation des liqueurs, la confiserie et les desserts. Ajoutée aux salades, aux fruits et aux fromages frais, elle apporte une note de fraîcheur agréable.

Certaines tribus amérindiennes buvaient jadis des infusions de menthe afin de calmer l'indigestion. Il semblerait aussi que le thé à la menthe soit efficace contre la dépression passagère. Pour rafraîchir la peau en été, mélanger quelques feuilles de menthe à de la glace pilée. La sensation bienfaisante prévient la déshydratation des cellules de l'épiderme. De plus, la menthe est un dentifrice naturel. Mélanger 45 ml (3 c. à soupe) de bicarbonate de soude à 15 ml (1 c. à soupe) de sel et 15 ml (3 c. à soupe) de glycérine, et diluer dans un peu d'eau. Ajouter quelques gouttes d'essence de menthe poivrée, au goût. On peut aussi faire de petits sachets de menthe séchée que l'on placera ensuite sous le robinet au moment de faire couler son bain.

Origan

Plante originaire de la Méditerranée. Son nom grec *origani* signifie « éclat des montagnes ».

Culture

La plante, vivace, se développe très bien en altitude. Le plant peut atteindre 60 cm à 90 cm. On a souvent comparé l'origan à la marjolaine à cause de la ressemblance de leurs goûts et de leurs textures. Semer les graines au printemps ou à l'automne dans un sol riche. L'origan se propagera facilement en plein soleil. Au soleil, d'ailleurs, ses feuilles prennent la teinte d'un beau vert doré. Les fleurs sont blanches ou rose pâle.

Conservation

Conserver les feuilles fraîches au réfrigérateur dans un sachet de plastique. Pour le séchage, il vaut mieux suspendre les tiges dans un endroit chaud et aéré.

Usages

En Italie, on utilise le parfum corsé de l'origan dans la préparation des sauces à la tomate et de la pizza. Séchée, la plante conserve son arôme naturel et relève bien le goût des sauces, des ragoûts et des soupes.

Oseille

Il existe plusieurs variétés d'oseille. On en utilise pourtant seulement deux en tant que légumes verts ou fines herbes : la grande oseille et l'oseille ronde, au goût moins acide. Connue en Égypte, mais aussi chez les Grecs et les Romains, l'oseille était réputée pour faciliter la digestion.

Usages

Cette plante est particulièrement appréciée en Europe, surtout en France où on la retrouve fréquemment dans les potages et les salades, ou en accompagnement du saumon. Plante plutôt acide, l'oseille est riche en potassium et en vitamines A et C. Facilement réduite en purée, elle constitue la base d'une sauce délicieuse pour agrémenter les omelettes et les poissons. Pour attendrir la viande, l'envelopper de quelques feuilles d'oseille juste avant la cuisson.

Romarin

Cette plante aromatique originaire de la Méditerranée possède un nom latin qui signifie « rosée de mer ». Les Grecs se faisaient des couronnes de ses fleurs à l'occasion de certaines fêtes. Le romarin est un symbole de l'immortalité du souvenir et aussi de la fécondité et de la loyauté. Selon Madame de Sévigné, cette plante est excellente contre la tristesse. Il fut un temps où on l'utilisait pour contrer les épidémies. Les Romains pensaient qu'elle favorisait la mémoire.

Culture
Les feuilles du romarin ressemblent à des aiguilles d'un beau bleu lumineux. Plante vivace et rustique de 60 cm à 90 cm de haut, arbuste décoratif, aromatique et culinaire, le romarin germe lentement. On multiplie les jeunes pousses par bouturage en été. Le sol doit être sableux, un peu calcaire, et la plante demande beaucoup de soleil.

Conservation
Pour le séchage, on conseille de suspendre les branches fraîches dans un endroit chaud et sec. Enlever les feuilles des tiges pour la conservation et les garder dans un bol hermétique à l'abri de la lumière.

Usages
En cuisine, l'arôme puissant du romarin rehausse la volaille, l'agneau et le veau mijoté avec de l'ail et de l'huile d'olive. Il entre aussi dans la composition des saucisses. Les légumes forts et les fruits en gelée s'en accommodent aussi très bien. Écraser les feuilles séchées du romarin afin d'en libérer l'arôme. Ciseler les feuilles coriaces. En infusion, avec du miel et du citron, elle est aussi efficace contre les maux de gorge.

Sarriette

Plante aromatique originaire de la Méditerranée. Cette herbe culinaire québécoise par excellence a aussi la réputation d'être aphrodisiaque. Son nom latin *satureja* signifie « herbe à satyre ».

Culture

De type vivace ou annuel, la plante ressemble à un petit arbuste (de 30 à 45 cm) avec des feuilles d'un vert brillant et des fleurs rosées ou lilas. On suggère de semer les graines de sarriette en sol riche, début mai, en plein soleil. Cueillir les feuilles juste avant la floraison.

Conservation

On peut les conserver au réfrigérateur. Pour le séchage, il est préférable de suspendre les branches dans un endroit chaud, sombre et bien aéré. Ainsi, elles conserveront bien leur parfum.

Usages

La sarriette entre dans la fabrication des mélanges d'herbes, dont les fameuses herbes de Provence. Son arôme un peu poivré rappelle à la fois ceux de la menthe et du thym. En cuisine, la sarriette rehausse goûteusement les soupes, les plats mijotés, le gibier, la saucisse, les farces, les légumineuses, la truite et le fromage de chèvre. Elle entre dans la fabrication de certaines liqueurs, dont la chartreuse.

Sauge

Son nom vient du latin *salvus* qui signifie « sauvé ». Pour les Romains, la sauge était une herbe sacrée. Les druides la considéraient comme magique, capable de guérir toutes les maladies et même de ressusciter les morts.

Culture

Cette plante vivace rustique de 60 cm à 90 cm de haut a l'apparence d'un petit arbuste persistant aux fleurs violettes. Les graines germent facilement. Il faut les semer en sol frais et en plein soleil. L'odeur de la sauge est poivrée, camphrée, chaude et amère.

Usages

En cuisine, elle est utilisée principalement pour rehausser les viandes. On conseille d'en user avec parcimonie. En thé ou en tisane, cette herbe fait disparaître les problèmes de digestion et a un effet tonique. On préfère la proscrire en cas de haute pression.

Thym

Le thym est originaire de la Méditerranée. Son nom, *thymus vulgaris*, provient du grec *thumon*, lui-même dérivé de l'égyptien *tham*, qui signifie « odeur ». Il existe environ 100 espèces de thym différentes, mais les cuisiniers n'en utilisent que trois. En Provence, on retrouve fréquemment son équivalent, le serpolet, qui pousse à profusion.

Culture

Plante vivace rustique, le thym peut atteindre de 10 cm à 25 cm de haut. Sous toutes ses formes, qu'il soit citronné, commun ou officinal, il est très utile en cuisine. La plante se cultive très bien, mais pousse lentement, dans un jardin, en jardinière et en pot. On recommande de démarrer avec un jeune plant qu'on multiplie par bouturage, dans un sol sableux et calcaire.

Conservation

On conserve les feuilles fraîches au réfrigérateur. Pour le séchage, on suspend les tiges en bouquets dans un endroit chaud, aéré et sec.

Usages

Doté de grandes vertus digestives, le thym accompagne particulièrement bien les viandes fortes (agneau, canard, porc) et tous les plats à cuisson lente (soupes, ragoûts). Le thym citronné relève quant à lui la saveur des poissons et du poulet, et même, en petite quantité, les desserts aux fruits frais. Il donne aussi un miel très parfumé. La plante peut être aphrodisiaque et est efficace contre la grippe, le rhumatisme et le torticolis.

chapitre 3

Historique des Épices

Le fabuleux voyage des épices

À travers les âges, l'histoire de l'assaisonnement a connu de multiples variantes. Bien plus que les herbes, les épices, qui étaient synonymes de richesse, ont engendré une multitude de découvertes. Depuis l'ère néolithique, le périple des épices est une aventure fascinante mais surtout pleine de rebondissements !

Qu'est-ce au juste qu'une épice ? Au fil des siècles, la définition en a presque toujours été changeante et le nombre, difficile à recenser. On s'imagine souvent que l'épice est un produit exotique au parfum violent, piquant ou chaleureux, gorgé de soleil, contrairement aux herbes, qui sont considérées comme plus douces et associées aux climats tempérés. Le mot *épice* à lui seul ne peut malheureusement réussir à englober toutes les denrées qui le concernent. Épices vient du latin *species*, qui signifiait « espèces » ou « aspects d'une chose » et pouvait désigner tout aussi bien les fruits et les légumes que le blé et le vin ou les produits pharmaceutiques. Au XIIe siècle, sous le règne de Charlemagne, sa définition se précise. Le mot *espices* ne sert bientôt plus qu'à désigner les épices ou les aromates. *Species aromatica* désignait un assaisonnement à l'époque de Grégoire de Tours.

De nos jours, le mot *épices* est employé pour décrire toute substance aromatique ou piquante dont on se sert pour l'assaisonnement. Les épices nous proviennent d'abord des racines, des bourgeons et des écorces, mais aussi des fleurs, des fruits, des graines et de certaines sécrétions. La plupart d'entre elles nous viennent d'Asie tropicale ou du Moyen-orient. Le soleil joue un rôle majeur dans la formation de leur puissance aromatique.

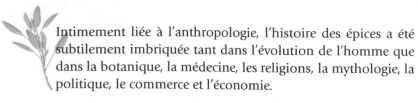

Intimement liée à l'anthropologie, l'histoire des épices a été subtilement imbriquée tant dans l'évolution de l'homme que dans la botanique, la médecine, les religions, la mythologie, la politique, le commerce et l'économie.

De l'abus des épices fortes jusqu'à la disparition complète des aromates, l'histoire de l'assaisonnement a connu maintes variantes du néolithique au XXIe siècle. Les épices, servant au départ à mettre un peu de piquant dans une nourriture grossière, ont rapidement développé de multiples subtilités. On a prétendu que la recherche de mets délicats et de saveurs fines va de pair avec l'affaiblissement des peuples et des civilisations.

Chez les Anciens, les repas étaient monotones, les menus, peu variés. L'homme mangeait d'abord pour survivre. C'est davantage par nécessité que par curiosité que les humains recherchèrent des nourritures nouvelles dans les plantes. Ils le payèrent, hélas, souvent de leur vie.

On se nourrissait de viande grillée, de racine, de céréales et de fruits bouillis. La viande rôtie sur broche, en laissant échapper son suc, perdait tout son parfum. On tenta de remédier à sa fadeur en y ajoutant une multitude d'assaisonnements et d'herbes fines (sel, ail, carvi, fenouil, cerfeuil). Dès l'invention de la poterie, les cuisiniers commencèrent à envelopper les viandes dans une gangue d'argile afin de préserver le jus et l'arôme au cours de la cuisson. L'ébullition devint un moyen de cuisson fort commode qui permit de varier grandement le menu.

On estime que les débuts de l'agriculture eurent lieu au IVe millénaire avant Jésus-Christ. L'homme entreprit un vaste processus de sédentarisation. Son régime alimentaire s'en trouva radicalement modifié. La substitution progressive de la viande par les végétaux allait entraîner une réduction de l'emploi du sel. C'est alors que les herbes et les épices prirent la relève. Les épices se mirent à voyager.

Le transport des épices se fit d'abord par voie terrestre dans des conditions de voyage rudes. Les caravanes regroupaient parfois près de 1 000 bêtes, chameaux et dromadaires. Un cortège pouvait porter près de 150 kg d'encens, de crocus, de cannelle, et près de 100 kg d'autres épices. Des pillards pouvaient, en tout temps, dévaliser les cargaisons. La route de la soie et des épices fut l'un des passages les plus achalandés entre la Chine et les rives méditerranéennes. Les marchandises provenant d'Asie centrale par les caravanes chinoises étaient recueillies par les Grecs et les Romains.

À l'époque de Marco Polo, on pouvait compter trois années pleines pour un voyage aller-retour en Chine, un itinéraire de près de 11 000 km traversant les déserts parsemés d'oasis et de terrains irrigués, et autant vers l'Inde où l'on trouvait des épices telles que le poivre noir, la muscade et le girofle. La navigation maritime continua ensuite d'amener vers les ports d'Arabie les richesses de l'Inde.

En 969, Le Caire devint un centre de transit pour les épices. Sa situation géographique favorisa le commerce. Avec l'expansion de l'Égypte vers la mer Rouge, on vit rapidement la création de ports en Inde où abordaient les bateaux arabes chargés de pierres précieuses, de poivre, de cannelle et de cardamome. Les marchandises transitaient par voie de terre jusqu'aux villes les plus proches sur le Nil. Le trafic maritime était dès lors assuré par les Carthaginois jusqu'aux côtes africaines. Le nom de côte des épices qu'on lui donne s'explique par les quantités considérables d'épices mises en réserve par les Arabes dans de vastes entrepôts.

La route maritime des Indes fut connue dans une haute antiquité. Dès le IIe millénaire avant Jésus-Christ, les pharaons d'Égypte disposaient de nombreux navires qui croisaient en mer Rouge et à l'entrée de l'océan Indien. Cette flotte répondait vraisemblablement aux besoins de relations commerciales déjà établies en cet Orient mystérieux. Les papyrus anciens de la vallée du Nil font souvent allusion à une terre divine où l'on recueillait les aromates rapportés par le commerce des caravanes et la navigation. On situe le paradis des épices aux environs de la Mésopotamie. Le sol y était riche, profond et fécondé par plusieurs civilisations successives.

Ce n'est que vers le IIe siècle que les Grecs et les Romains se sont aventurés jusqu'au littoral indien, fréquenté jusque-là par les Perses et les Arabes. Chaque année, on comptait près de 120 départs vers l'Orient dans les ports romains, souvent sur des embarcations de 200 à 500 tonneaux mus par près de 200 rameurs. Le voyage de Rome aux Indes pouvait prendre un an. Les nefs ramenaient d'Orient du cuivre, de la soie, des étoffes, de l'or, de l'argent, du girofle et d'autres épices. On prétend que la chute de l'Empire romain fut provoquée par l'opulence d'après les colonisations, les légionnaires étant probablement davantage occupés à se frotter la panse qu'à aller au front !

Au VIIIe siècle apparut véritablement une civilisation de table chez le peuple grec, qui était considéré peu ouvert aux plaisirs raffinés. Au thym, au myrte et au laurier s'ajoutèrent alors les épices indiennes. Les Grecs établirent leurs comptoirs loin de la mer Attique, sur les bords de la mer d'Azov. Selon Aristophane, les aromates les plus prisés en Occident étaient l'ail, la ciboule, l'oignon, le cresson, la coriandre, le raifort, le persil, le thym et le sésame. Les Grecs appréciaient les boissons additionnées de résines âcres.

Au Moyen Âge, l'approvisionnement du continent européen se faisait par voie de terre et par voie de mer. Les épices étaient offertes en cadeaux de mariage et au Nouvel An. Ce sont les Croisades, à la fin du XIe siècle, qui permirent aux populations d'Europe, marquées par des années de famine, de découvrir ces denrées chaleureuses importées de l'Orient. Des compagnies de navigation s'installèrent. Bien vite, le lucratif commerce des épices devint la propriété des républiques maritimes italiennes. Pendant tout le XIIe siècle, la cuisine s'affina. Les vins s'aromatisèrent par addition d'herbes et d'épices. Le poivre demeura l'épice dominante, servant de monnaie d'échange. On en offrait parfois aux juges à l'occasion des procès. Le poivre servait entre autres à créer la sauce d'enfer, ou sauce de trahison, faite à base de gingembre et de cannelle, et à laquelle le cuisinier ajoutait d'autres épices à sa fantaisie.

Épiciers et apothicaires étaient réunis sous le même toit. Les épices entraient dans la fabrication de remèdes énergiques. La parfumerie tira elle aussi profit de ces odeurs exotiques. On entreprit d'en détailler les constituants (eugénol pour le girofle, piperine pour le poivre). Les aromates et les épices commencèrent ainsi à perdre de leur mystère. Leurs caractéristiques inventoriées, on en déduisit que parfums et saveurs entraînent des effets hormonaux modifiant le comportement.

Au début du XIVᵉ siècle, les marchands de Florence recensèrent dans leurs coffres environ 290 espèces d'épices différentes. Partant des quais de Venise, les navires de commerce se rendaient jusqu'à la côte de la mer Noire, en Palestine et en Alexandrie, quérir les précieuses marchandises transportées par les caravanes depuis la lointaine Asie. Venise s'enrichissait et les marchands fixaient les prix à leur guise. Naquirent les foires commerciales et les marchés, ordonnés par le roi , dans les ports. Ces foires étaient de véritables fêtes. Les épices s'y vendaient au poids.

En France, au XVᵉ siècle, le commerce des épices fut si prospère que naquirent les professions d'épicier, de poivrier et de grossiste. On vit aussi apparaître les regrattiers, les merciers et autres trafiquants, qui exploitèrent la revente de produits dérivés (faux poivres et épices falsifiées vendues à moindre prix).

En même temps, le marché se développa du côté des marchands arabes et portugais. Le commerce des épices s'établissait progressivement. Au XIVᵉ siècle, période glorieuse de Versailles et autres châteaux ainsi que des abbayes, la séparation des lieux de préparation et de consommation des mets entraînant le refroidissement des plats, l'ajout d'épices chaudes vint compenser la tiédeur des viandes parfois mal cuites.

Après la découverte de la route des Indes, au XVIᵉ siècle, les cours s'abaissèrent et la consommation des épices se démocratisa.

Jusqu'à la fin du Moyen Âge, les épices participaient à un certain équilibre économique, politique et culturel. Elles se retrouvèrent bientôt vite au cœur de nombreux bouleversements. Après l'ère des Croisades, la guerre de Cent Ans ruina la France, et l'Europe se replia sur elle-même, sauf le Portugal. Le roi Henri prit en effet conscience de l'immensité de l'Afrique et y envoya ses navires de conquête. C'est l'époque des découvertes et des échanges commerciaux. Les Juifs, excellents commerçants, partent d'Espagne et traversent l'Afrique du Nord pour gagner les Indes et la Chine. Ils emmenèrent en Extrême-Orient des femmes et de jeunes garçons vendus comme esclaves, des fourrures et des armes. Leurs navires transportèrent de lourds chargements de musc, de cannelle et d'aloès. Même s'il était difficile d'obtenir le consentement des équipages pour ces expéditions lointaines – les marins étaient effrayés par les tempêtes, les maladies et les monstres marins qui frappaient selon la légende ceux qui s'embarquaient vers ces destinations –, bientôt, un fructueux commerce se trouva solidement établi. Du Portugal, on apporta vers le Maroc cuivre et corail en échange de chevaux et d'étoffes que les habitants de l'Afrique achetaient avec de l'or et des esclaves. Ces entreprises étaient jugées dignes, faites à la gloire de Dieu et ordonnées par le roi.

Chargé de mission par son roi, l'explorateur Vasco de Gama quitta le port de Lisbonne avec 20 navires pour franchir le cap de Bonne-Espérance. Le but était de conquérir l'Inde et d'en rapporter des épices. Des combats sanglants eurent lieu dans les eaux indiennes contre des navires arabes. Le Portugal l'emporta et devint ainsi la première puissance européenne à conquérir des terres lointaines et à y établir des comptoirs commerciaux. Quantité d'épices – 7 000 tonnes de poivre, 300 de gingembre, 1 500 de muscade et de girofle, entre autres, furent ainsi ramenées d'Asie. Le but ultime était bien sûr de trouver où croissent les fameux arbres à épices.

Dès 1492, Christophe Colomb entreprit un périple vers l'ouest, chargé de découvrir une nouvelle route. Il quitta le Portugal avec trois navires. Il découvrit à la suite Cuba, Haïti et le Japon, où il eut vite fait de remplir ses coffres d'or et d'épices. Les découvertes de Colomb réjouirent fortement les Espagnols. La chasse aux épices était donc bien lancée. Les autres peuples d'Europe envoyèrent à leur tour des navires sillonner les mers. Partant de France, de Hollande, d'Angleterre, de nouveaux navires s'aventurèrent vers des contrées mystérieuses.

En mai 1493, le pape Alexandre VI, craignant une guerre de territoires, décréta le partage du monde et traça une ligne de démarcation dans l'océan allant d'un pôle à l'autre. À l'ouest, tout le continent appartenait au roi de Castille. À l'est, le roi du Portugal disposait de l'Afrique et des Indes.

Quelques années plus tard, Magellan fit la découverte des îles aux épices après de dures conditions de voyage. La reine Élisabeth d'Angleterre déclara nul et non avenu le décret de partage du monde et proclama la liberté des mers. On instaura la Compagnie du Levant, puis, en Hollande, la Compagnie des Indes orientales. La reine passa des accords d'établissement de rapports commerciaux avec l'Orient. Les expéditions furent désormais organisées sous sa seule autorité.

On comprend aujourd'hui comment le commerce des épices a entraîné la découverte de nouveaux continents. La course aux épices est à l'origine de plusieurs importantes dispositions du droit maritime, de l'économie, du commerce et des relations internationales. Nous devons à ces intrépides explorateurs, qui ont parcouru le vaste monde à leurs risques et périls, de connaître de nombreuses denrées autrement inconnues. Si on pouvait jadis respirer le parfum des épices en vrac, l'ère industrielle a par contre rapidement conditionné, emballé sous vide et normalisé les produits. Avec l'invention de la chimie au XXe siècle, la réputation fabuleuse qu'avaient les épices s'est petit à petit atténuée.

Depuis quelques années, subtilement, les anciennes traditions se réinstallent, plaisir des sens obligeant. Dans les boutiques des marchands, les épiceries fines, dans les marchés publics, les magasins d'aliments naturels et les grandes chaînes d'alimentation, on assiste au retour du vrac. L'éclatement des frontières provoqué par la mondialisation et par l'immigration en nos terres de populations étrangères est source d'une nouvelle abondance. Dans les magasins orientaux de nos grandes villes, nous avons accès à des marchandises en provenance de Bangkok, de Tokyo et de Calcutta. Pour le plaisir de choisir d'abord, mais aussi pour le renouvellement des saveurs de la table, tous ces trésors étant désormais accessibles, il serait triste de ne pas en profiter !

chapitre 4

Les Lépices

Cannelle

Cette épice très ancienne originaire du Ceylan (Sri Lanka) est citée dans les textes sanskrits et dans la Bible. On distingue deux types de cannelle : la cannelle de Chine (préférée des Européens) et la cannelle du Ceylan (celle que l'on connaît en Amérique). Écorce d'un arbuste de la famille du laurier dépouillée de son enveloppe externe, elle s'enroule en tuyaux de 2,5 cm de diamètre.

Usages

En Occident, on l'utilise surtout dans les mets sucrés. Au Moyen-Orient, par contre, la cannelle parfume souvent les viandes mijotées comme l'agneau. Mélangée à des fruits séchés (abricots, pruneaux), elle accompagne aussi bien la volaille que le porc.

Cardamome

Originaire de l'Inde, du Mexique et du Guatemala, connue et appréciée des Égyptiens de l'Antiquité, la cardamome demeure l'une des épices les plus chères.

Culture

De la famille du gingembre, la plante ressemble à un arbuste vivace de bonne taille avec de courtes branches fleuries. Après la floraison, on récolte à la main ses petites capsules vertes qui contiennent chacune 20 graines aromatiques.

Usages

En France et aux États-Unis, on utilise l'huile essentielle de cardamome en parfumerie. Son goût est fort et citronné. C'est un des ingrédients majeurs de la cuisine indienne. On l'utilise pour parfumer les confiseries et les pâtisseries, le café et les crèmes glacées. En Allemagne, on l'ajoute à certaines charcuteries. En infusion, elle rafraîchit l'haleine et a des propriétés digestives.

Cumin

Originaire d'Orient, cette herbe annuelle peut atteindre 30 cm de haut. Ses fleurs sont dans les tons de rose, de mauve ou de blanc. On la cultive depuis des temps immémoriaux en Inde, en Égypte, dans les pays arabes et en Méditerranée. L'épice provient des graines. Dans l'Antiquité, les Romains en faisaient une pâte qu'ils étendaient sur le pain. En parfumerie, on utilise beaucoup son huile essentielle. On lui a toujours reconnu des propriétés médicinales. Souvent, on confond le carvi avec le cumin à cause de leur ressemblance. Sur le marché, on trouve aussi le cumin noir, sous forme de graines ou moulu.

Usages

La saveur du cumin est unique et s'ajoute subtilement aux mets salés. Épice indispensable des cuisines indienne et mexicaine, le cumin est très présent dans l'alimentation en Afrique du Nord et au Moyen-Orient. L'épice se marie bien avec les cornichons, le chou, les plats mexicains, le *chili con carne*, le couscous, les plats indiens (currys, ragoûts), les saucisses, les sauces à la tomate et certains fromages.

Curcuma

Originaire de l'Inde, de la Chine et du Moyen-Orient, cette jolie plante vivace à larges feuilles de la famille du gingembre ressemble à un lis à fleurs jaunes. C'est son rhizome que nous consommons en épice. Les Perses l'associaient au culte du soleil. On trouve très rarement le curcuma frais.

Usages

Sec et moulu, il apporte aux mets une saveur chaude et suave, et les teinte de sa belle couleur jaune. Le curcuma est l'un des composants essentiels de la poudre de curry. Il parfume de nombreux plats indiens. En Inde et en Chine, il est utilisé pour teindre les textiles et réputé pour ses propriétés digestives. Cette épice remplace très bien le safran. En plus de l'employer dans la fabrication de la poudre de curry, on l'utilise principalement dans les conserves, mais aussi avec les chutneys, les légumineuses, la volaille, les poissons et fruits de mer. Il est délicieux avec les légumes, entre autres le chou-fleur et les pommes de terre.

Curry

Originaires de l'Inde, les currys ou caris sont des plats mijotés accompagnés d'une sauce forte faite à partir d'épices. En Orient, le curry se présente souvent sous forme de pâte. On retrouve la poudre de curry déjà composée sous diverses variantes au marché. Le curry de base que l'on trouve sous forme de poudre est généralement composé de plusieurs ingrédients : piments rouges secs, graines de moutarde, poivre noir, fenugrec, gingembre et curcuma. On peut aussi y ajouter de l'ail en poudre, de la moutarde en poudre, du cumin, du clou de girofle ou de la noix de muscade.

Galanga (gingembre thaïlandais)

De la famille du gingembre, le galanga est très utilisé dans la gastronomie asiatique, plus précisément dans la cuisine thaïlandaise. Il en existe trois espèces. Le grand galanga (*alpinia*) originaire d'Indonésie se présente sous forme de rhizome assez gros, tout comme le gingembre, et est couvert d'une écorce noueuse blanc crème ou brun rougeâtre. Le petit galanga (*alpinia officinarum*) se mange plutôt comme un légume. Son goût poivré relève très bien les currys et les ragoûts. La troisième espèce, le *kaempferia galanga*, entre dans la composition des liqueurs amères. On peut trouver le galanga dans les boutiques spécialisées de produits asiatiques, frais sous forme de racine, séché, moulu ou conservé dans le vinaigre.

Usages
Il accompagne agréablement les soupes, la volaille, l'agneau, les crevettes et les sauces thaïlandaises à base de noix de coco.

Genièvre

Les baies de genièvre sont le fruit d'un petit arbre à feuilles persistantes pourpres à maturité. On dit que, à l'occasion de sa fuite, le roi Hérode s'y serait abrité. Le genièvre joue le rôle d'ange gardien. Les baies les plus parfumées nous viennent d'Europe méridionale. Leur arôme profond empêche que nous les consommions fraîches. Une fois séchées, elles ont une agréable saveur relevée et épicée, avec un arrière-goût de pin. Il suffit de les broyer pour en libérer toute la saveur.

Usages
Excellent en marinade, avec le gibier, en infusion, dans les sauces, les farces, les pâtés, les saucisses et le chou. Le genièvre entre aussi dans la fabrication du gin et d'autres liqueurs. Le folklore l'associe à la sécurité.

Gingembre

Cultivé en Asie, le gingembre est le tubercule d'une jolie plante à fleurs. En Orient, on l'utilise au même titre que le sel. Sa saveur franche et épicée est appréciée dans les plats sucrés autant que salés et il se présente sous plusieurs formes (frais, séché, vinaigré, confit et cristallisé). Les Chinois l'utilisent frais, pour son goût fin et sa texture. On le sert généralement haché, pilé ou coupé en julienne.

Usages
Le gingembre accompagne agréablement les viandes (relève la saveur des mets un peu lourds), les poissons et les légumes, les soupes, les fruits en compote et les desserts. En conserve, il porte le nom de *gari* au Japon et est le principal condiment utilisé avec les sushis. Pour râper le gingembre, les Japonais utilisent un instrument du nom de *oroshigane*.

Girofle

Originaires d'Asie, les clous de girofle viennent d'une île, les Moluques. Le girofle ne se développe que sous un climat tropical et maritime. On le retrouve en Indonésie, à Madagascar, au Sri Lanka, etc. L'histoire des Croisades a fait que plusieurs peuples (Portugais, Hollandais) en ont longtemps détenu le monopole. Les premiers clous de girofle seraient apparus en Europe vers le VIe siècle. Le nom vient du latin *clavus*, clou. Il s'agit en réalité des boutons floraux du giroflier.

Usages

Cette épice est indispensable dans la confection des gâteaux et des biscuits. Piqués dans un oignon, les clous de girofle apportent une saveur profonde aux ragoûts et aux viandes braisées. Le girofle accompagne bien le bœuf, l'agneau et le porc (jambon), le pain d'épice, les gâteaux, les chutneys, diverses marinades et le vin chaud épicé. On peut aussi l'ajouter au bouquet garni pour donner plus de saveur aux plats mijotés. On le retrouve sous sa forme originale, mais aussi en poudre.

En Chine, on utilise le girofle pour parfumer l'haleine. Sous forme d'huile ou d'infusion, il calme le mal de dent et les nausées par ses propriétés antiseptiques et analgésiques.

Graines de céleri

C'est seulement à partir du XVIIe siècle que le céleri s'est développé en Europe, à partir de l'ache odorante, une plante qui croissait dans les marais salants. On en retrouve deux espèces principales : le céleri en branches et le céleri-rave. Les graines de céleri sont minuscules, brunes et creusées de petits sillons plus clairs au goût amer.

Usages

L'amertume met en valeur les autres parfums et ajoute de la saveur à certaines préparations, tels les soupes, les sauces, les plats cuisinés, les jus de tomate (le fameux Bloody Mary), les condiments divers, mais aussi aux œufs ou en assaisonnement dans les salades. Conserver les graines entières ou moulues dans des récipients hermétiques. On ne doit utiliser les graines de céleri qu'en petites quantités. Les écraser pour en libérer l'arôme.

Graines de pavot

Le pavot provient de la même plante que l'opium. Cette plante, le pavot blanc, originaire d'Asie mineure mais que l'on retrouve aussi dans les régions tropicales, a longtemps été d'une utilité controversée. Les graines poussent en effet dans des gousses et sont entourées d'un liquide blanc laiteux dont le stupéfiant est dérivé.

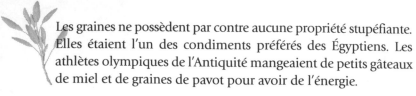

Les graines ne possèdent par contre aucune propriété stupéfiante. Elles étaient l'un des condiments préférés des Égyptiens. Les athlètes olympiques de l'Antiquité mangeaient de petits gâteaux de miel et de graines de pavot pour avoir de l'énergie.

Usages

En Inde, les graines de pavot sont utilisées dans les sauces piquantes pour en améliorer la texture. Elles sont excellentes avec les nouilles, dans les desserts, les pains et les pâtisseries.

Muscade

La muscade a été décrite dans les temps anciens comme étant une noix provenant d'un arbre. Au Moyen Âge, les Arabes furent les premiers à les importer vers l'Europe. On transportait les noix de muscade dans de petites boîtes en argent ou en bois, avec une râpe.

Usages

Avec sa saveur chaude, elle se marie bien avec les mets riches, les fruits cuits au four ou en compote, les sauces, le lait de poule, le pain, les pâtes et les légumes, surtout les épinards. On retrouve le plus souvent la muscade moulue. Indispensable dans la béchamel et dans de nombreuses charcuteries. Les Italiens l'utilisent beaucoup dans les plats de pâtes farcies.

Paprika

Le paprika est fait de piments doux séchés et réduits en poudre. L'arbuste, originaire du sud du Mexique, fut introduit par les Espagnols dans leur pays et au Maroc, et de là l'épice transita vers la Hongrie où elle est depuis un ingrédient essentiel de la cuisine locale. Le paprika apporte une saveur subtile aux plats et leur donne une belle couleur rouge profond. Il existe une grande variété de paprikas de diverses qualités. Au marché, il faut toujours acheter la meilleure. Bien lire aussi les indications sur l'étiquette, autrement le paprika risque d'être plus piquant que souhaité. Le paprika d'Espagne est une poudre plus forte assez proche du piment de Cayenne.

Conservation
Garder le paprika dans un contenant hermétique, sinon sa saveur s'éventerait.

Usages
Cette épice se marie bien avec les œufs, les ragoûts de viande et de volaille, le gibier, le lapin et le poisson, ainsi que les coquillages, les soupes, les légumes et le riz.

Piment de Cayenne

Le piment de Cayenne est issu de la famille des capsicums. Sous forme vivace ou annuelle, on en dénombre une grande variété. Les plus petites et les plus fortes sont appelées chilis. Le piment de Cayenne est généralement vendu en poudre. À l'origine, il s'agissait de petits piments rouges piquants provenant de l'Amérique du Sud, séchés et réduits en poudre. De nos jours, la poudre peut être constituée d'un mélange de chilis différents provenant aussi de l'Inde et du Sri Lanka.

Usages
On mélange généralement le piment de Cayenne avec d'autres épices, dont l'origan, l'ail et le cumin. Il est reconnu pour stimuler les fonctions digestives, cérébrales, circulatoires, locomotrices, respiratoires et nerveuses.

Poivre

Fruit de la plante *piper nigrum* originaire de l'Inde, le poivre est considéré comme le roi des épices et fut très longtemps considéré comme une denrée précieuse. Son nom vient du sanskrit *pippali*. De par sa rareté, due aux difficultés d'approvisionnement, le poivre avait une grande valeur pour les Anciens. Les riches Romains en abusaient dans leurs mets. La plante vivace peut donner des fruits pendant 20 ans.

Culture

Les fruits se présentent sous forme de baies, d'abord vertes (rares, récoltées avant maturité et dotées d'un arôme doux et fruité). Séché au soleil, le poivre prend le nom de poivre noir (baies vertes fermentées plusieurs jours avant le séchage, saveur brûlante et piquante). Le poivre blanc est cueilli très mûr, après être devenu rouge (saveur légèrement moins piquante que le poivre noir). Le poivre rouge mûri sur l'arbre est très rare hors de l'Inde.

Cette épice est créditée de vertus médicinales importantes utiles à la digestion. Le poivre stimule l'estomac et la salive, mais aussi l'appétit. On l'a très tôt introduit dans les élixirs.

Faux poivres

Le poivre rose se compose des fruits presque mûrs d'un arbre d'Amérique du Sud, le *schinus molle*. Il ne s'agit pas véritablement de poivre. Le *sansho*, aussi appelé poivre japonais, et le *fagara*, connu sous le nom de poivre chinois, ou encore le *piper cubèbe de Java* (introuvable en Occident) sont utilisés comme ingrédients dans les mélanges d'épices.

Usages

En cuisine, le poivre est utilisé pour donner de la vigueur aux viandes rouges (le fameux steak au poivre) et aux charcuteries (saucissons). Il peut aussi relever la saveur délicate des fruits de mer. Broyé au moulin, il relève mets et sauces.

Safran

Le safran est l'épice la plus chère du monde. Ceci s'explique facilement. Pour obtenir 500 g de safran, il faut pas moins de 60 000 fleurs de crocus, dont les trois stigmates sont cueillis à la main ! On utilisait cette épice au Xe siècle avant Jésus-Christ, sous le règne du roi Salomon. L'Espagne est aujourd'hui le principal producteur, mais le safran est aussi cultivé dans les divers pays de la région méditerranéenne. Les Phéniciens échangeaient cette épice contre de l'étain.

Le safran a une saveur piquante et une belle couleur orangée.

Usages

C'est une épice indispensable dans la cuisine scandinave, où les biscuits au safran font presque toujours partie du repas de Noël. On l'utilise aussi dans la bouillabaisse ou la paella. Il entre dans la fabrication de liqueurs, la chartreuse particulièrement. Il accompagne bien les poissons préparés avec de l'ail, la volaille et le bœuf mijoté, les sauces à la tomate, les pains sucrés et les biscuits.

Piler les filaments dans un mortier pour obtenir une belle couleur foncée. Pour ajouter dans une préparation plus consistante, rincer d'abord les filaments à l'eau tiède. On peut aussi se procurer du safran en poudre.

Sel

Le nom du sel vient du latin *salarium*, qui signifie « salaire ». Non seulement le sel était-il présenté en offrande à Dieu dans l'Ancien Testament, mais chez les Romains, les soldats en recevaient, au terme de leur service, sous forme d'indemnité.

Le sel est l'ingrédient le plus courant en cuisine. La saveur salée est l'une des quatre, avec le sucré, l'acide et l'amer, que l'homme peut discerner. Cette denrée est malheureusement mal utilisée. Il faut en effet savoir bien le doser. Le sel n'ayant pas de saveur propre, il ne sert qu'à relever les autres ingrédients et devient ainsi un faire-valoir des autres parfums.

Avant que les cuisines ne soient équipées de réfrigérateurs, on utilisait le sel comme agent de conservation pour préserver les aliments. Les Romains l'utilisaient pour garder les olives, les fruits de mer et le fromage. Cet usage persiste encore, car le sel agit sur les bactéries présentes dans les produits naturels. Puissant bactéricide, il permet aussi de conserver la viande et le poisson.

On a répertorié une douzaine de types de sels différents. Le sel fin de table que nous utilisons est traité pour ne pas absorber l'humidité de l'air. En Bretagne, la fleur de sel produite dans les marais salants de Guérande est très rare et ne se forme que lorsque le vent souffle de l'est, dit-on. On la récolte manuellement de juin à septembre à l'aide de pelles en bois. On l'utilise ensuite dans la confection du beurre baratté. Ne pas confondre la fleur de sel avec le sel de mer offert sous diverses variantes. Fin, il se dissout rapidement et convient mieux pour le service de table. Le sel de mer anglais est, quant à lui, très parfumé et on ne doit l'utiliser qu'en très petites quantités. Le sel de mer français doit sa couleur aux minéraux de l'océan. Le sel noir confère, quant à lui, un riche parfum aux plats du nord de l'Inde. Enfin, le gros sel, le sel gemme et le glutamate de sodium sont d'autres types de sel utilisés.

Usages

On doit toujours le consommer avec modération. Dans le cas d'un régime sans sodium, les sels aromatisés peuvent devenir d'excellents substituts, la proportion de sel véritable qu'ils contiennent étant presque nulle. Ces sels aromatisés apportent une nouvelle dimension en cuisine. Qu'on pense au *gomashio* japonais, fait à partir de sel et de graines de sésame noires, cuites et pilées dans un mortier et que l'on peut saupoudrer sur des légumes, du riz, des beignets ou mélangé à des pommes de terre. Le sel d'ail est fait à partir de gousses entières et de sel écrasés dans un mortier. On peut prendre plaisir à inventer différentes catégories de sels aromatisés en ajoutant au sel marin certaines épices (cumin, coriandre, girofle ou poivre noir en grains) ou encore des fines herbes (laurier, thym séché, romarin, origan). On conseille de les conserver dans des bocaux hermétiques.

Pour éviter que le sel ne durcisse ou ne s'agglutine, toujours le conserver au sec (par exemple, dans une boîte en argent).On peut y ajouter un pois sec qui absorbera l'humidité.

Comme le sel augmente le temps nécessaire à l'ébullition, on doit l'ajouter uniquement quand l'eau bout.

Sésame

On fait mention du sésame dans des écrits égyptiens vieux de près de 4 000 ans. Il est originaire du Moyen-Orient, d'où le célèbre «Sésame, ouvre-toi». Les premiers herboristes croyaient qu'il était un antidote contre les morsures des lézards. L'écrivain romain Pline croyait pour sa part que les graines de sésame provoquaient la mauvaise haleine, un doute non fondé. Le sésame est cultivé partout en milieu tropical, mais aussi en Inde, où on l'utilise dans les currys et dans les sauces. On l'apprécie aussi en Chine et au Mexique. Les graines sont utilisées principalement dans la fabrication de l'huile de sésame, mais on en saupoudre aussi les aliments afin de les rendre plus savoureux et appétissants. Au Moyen-Orient, le *halva*, une sucrerie, est fait à partir de sésame broyé et de miel, tout comme le *tahini* oriental, consommé comme sauce.

Sumac

Le sumac est un arbuste décoratif qui pousse au Moyen-Orient. Ses feuilles prennent une belle teinte rouge à l'automne. Si, en Occident, on apprécie surtout son aspect décoratif, au Moyen-Orient, on utilise largement les grappes de baies rouges, d'un brique profond, une fois séchées. On trouve souvent le sumac sous forme de poudre dans les épiceries orientales. En Amérique, les variétés de sumac que l'on retrouve sont par contre souvent toxiques ou vénéneuses et produisent sur la peau de vives irritations.

Usages

Entières ou moulues, les baies entrent dans la préparation de nombreux plats. On utilisait déjà le sumac dans la Rome antique. Les graines, petites et brunes, se trouvent à l'intérieur des baies. Leur goût acidulé, aigre et piquant donne, mélangé à du yogourt, une sauce légère et rafraîchissante. Idéal avec le poisson, les salades et les brochettes.

On peut faire tremper les baies de sumac dans l'eau pendant 20 minutes et en extraire le jus parfumé pour l'utiliser comme liquide de cuisson.

La vanille

Originaire du Mexique, la vanille se présente sous forme de gousses fraîches, longues et brunes enrobées de petits cristaux blancs. Malheureusement, comme la vanille est de plus en plus rare, notre industrie alimentaire a créé la vanille artificielle, chimiquement identique à l'originale mais faite souvent à partir... de déchets provenant des usines de papier ! Il fut un temps où on extrayait de l'eugénol contenu dans les clous de girofle, la cannelle ou les huiles de piment !

Usages
La vanille est utilisée principalement dans les pâtisseries.

chapitre 5

Ail

L'ail *(allium sativum)* est un condiment originaire d'Asie centrale. Son nom français vient du latin *allium,* lui-même issu du mot celte *alle,* qui signifie « brûlant ». Bien que l'ail ne soit pas une herbe fine, on cultive cette plante depuis l'Antiquité pour ses propriétés tant culinaires que médicinales. Nul n'y est indifférent !

Culture

Le plant peut atteindre 30 cm à 60 cm de long et se présente en plusieurs variétés : ail blanc, ail rose (plus petit, mais de meilleure conservation) ail des bois (goût plus fin). et ail chinois, (dont la tige est comestible) qui est d'usage récent au Québec. Semer les caïeux (gousses) en pleine terre au mois d'avril dans un sol très riche, en plein soleil et aéré. À l'automne, arracher l'ail de sa tige, puis le laisser sécher au soleil. L'ail se conserve tout l'hiver, suspendu en chapelets ou encore dans l'huile d'olive.

Au marché, on retrouve de l'ail frais surtout à la fin du printemps. La tête de l'ail se doit d'être dure et ferme, et les gousses blanches, plus parfumées, sont de loin préférables aux jaunes. L'ail le plus parfumé pousse dans les pays chauds (Moyen-Orient, Méditerranée).

Usages

L'ail se marie parfaitement avec les plats mijotés, les salades, et il est le condiment idéal pour de nombreuses viandes (agneau, porc, bœuf). En Tunisie, on en fabrique le *tabil,* une pâte à base de poivre rouge, de piments rouges frais, de carvi et de coriandre qui rehausse les potages. Il ne faut pas oublier de retirer le germe vert, responsable de la mauvaise haleine. Écraser ensuite au pilon. Ne jamais laisser brunir.

En médecine naturelle, l'ail est surtout recommandé, cru, pour prévenir le cancer et l'hypertension. Tonique et antiseptique, il est efficace contre les brûlures et aussi les piqûres des insectes. L'ail soulage les otites et les problèmes intestinaux, de même qu'il contribue à une bonne circulation sanguine. Étant donné ses propriétés stimulantes et antiseptiques, l'ail soulage l'hyper-

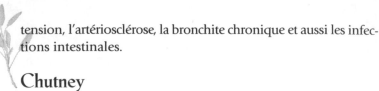

tension, l'artériosclérose, la bronchite chronique et aussi les infections intestinales.

Chutney

Les chutneys sont davantage des condiments que des épices. D'origine indienne, le mot *chutney* vient en fait de *chatni*, qui signifie « épices fortes ». Ils furent importés en Occident par les colons britanniques dès le XIXe siècle. On les apprécie surtout comme accompagnements pour leur consistance, leur saveur aigre-douce et fortement épicée. Ils se composent généralement de fruits (citrons verts, mangues) et de légumes cuits dans le vinaigre avec du sucre et des épices. La concentration des parfums des ingrédients mijotés longuement en adoucit la texture et donne une préparation légèrement foncée.

Usages

Partenaires idéals des mets piquants, des currys et des viandes froides, ils s'intègrent aussi à des recettes originales comme les poissons ou les beignets de fromage (camembert ou brie).

Moutarde

Le mot *moutarde* est constitué de deux mots latins : *mustum* (jus de raisin) et *ardere* (brûler). Dans les monastères européens, on prépare la moutarde depuis des siècles avec du vin et du vinaigre. On raconte qu'en Bourgogne, dans la ville de Dijon, capitale mondiale de la moutarde, un jour un jeune génie eut l'idée d'utiliser le jus sûr des raisins verts pas encore mûrs, qu'on appelle en Europe le verjus, afin de préparer la moutarde. De tous les condiments, la moutarde est celle qui a le plus été à la portée des gens ordinaires au fil des siècles. La plante pousse très aisément sous des climats tempérés. Il existe deux types de moutardes comestibles. Les graines blanches sont moins piquantes, tandis que les graines brunes, plus petites, sont aromatiques. Une fois ces graines broyées et mises en contact avec l'eau, un enzyme spécial permet de déclencher un glucoside interne qui fera éclater la saveur piquante. La moutarde jaune commune américaine que nous retrouvons un peu partout est faite à partir d'un mélange de graines blanches en poudre, de farine pour enlever le goût piquant et d'un peu de couleur pour accentuer la teinte jaune. Plusieurs épices peuvent entrer dans la composition de la moutarde, dont le chili, le poivre ou le piment de la Jamaïque. Les Européens utilisent uniquement des graines de moutarde brunes pour faire les bases de leurs sauces. Les Allemands y ajoutent du miel ou du sucre. On fabrique aussi de la moutarde en poudre. La moutarde anglaise est constituée d'un mélange des deux. La moutarde est délicieuse avec les charcuteries, le saucisson, le jambon. Quoi qu'il en soit, elle est l'objet d'un gros commerce. Au Canada, nous sommes les premiers exportateurs de moutarde au monde. Pour en préserver l'arôme, on suggère de toujours incorporer la moutarde en fin de cuisson.

Persil

Le mot persil vient du grec *petrosilenon* (ache des rochers). Originaire de Sardaigne, le persil est devenu sauvage dans l'Europe du Sud. Il a une histoire riche en légendes et en superstitions. Chez les Romains, il servait à couronner les poètes et les vainqueurs des Jeux olympiques. Chez d'autres peuples, on l'associait surtout à la mort, croyant qu'une personne qui plantait du persil devait mourir dans l'année. Pour se protéger d'un ennemi, il suffisait de prononcer son nom en arrachant un plan de persil. De tout temps, il fut associé à l'ivrognerie. Il aiderait apparemment ceux qui n'ont pas la cervelle solide à mieux porter la boisson !

Culture
Cette plante bisannuelle peut atteindre 30 cm de haut. Sous un climat froid, on la traite en annuelle. On conseille de la semer dans un sol riche au printemps, en été ou à l'automne, au soleil ou à mi-ombre. Ne jamais transplanter. Couper plutôt les pousses nouvelles. La culture intérieure est recommandée, mais dans des pots assez profonds.

Conservation

Pour la congélation, il est préférable de ne pas blanchir. Laver à l'eau froide et ranger dans de petits sacs de plastique ou des bacs à glaçons, sous vide. Fermer hermétiquement. On doit décongeler le persil très lentement. Une fois qu'il est séché, sa valeur vitaminique est presque nulle.

Usages

À la fois condiment et légume, le persil est apprécié en salade (taboulé), dans les soupes, avec les viandes et les poissons, dans les omelettes et les bouquets garnis. En infusion, il est efficace pour éclaircir le teint et contre les taches de rousseur. Sur le plan médicinal, on le considère stimulant, dépuratif et diurétique. Le persil est riche en fer, en vitamines C et A, de même qu'en sels minéraux.

Piment de la Jamaïque

Le piment de la Jamaïque est originaire de cette région chaude. Les Jamaïcains lui donnent le nom de *pimento*. Il pousse dans des arbres géants, dans des vergers odorants qu'on appelle « l'allée des piments ». Cette épice compte parmi les principales épices tropicales. Son odeur particulière la rend indispensable en cuisine. Ses essences et extraits figurent dans la composition des pâtisseries du monde entier, principalement dans les pays scandinaves et de l'est de l'Europe. Son odeur se compare à un mélange de girofle, de cannelle et de muscade avec un accent poivré. Il est plus largement répandu en Europe, où on le vend moulu. On le retrouve aussi sous forme de grains entiers séchés dans les comptoirs à épices. On peut le moudre soi-même dans un moulin à poivre.

Usages

Le piment de la Jamaïque ajoute une saveur originale aux plats de tous les jours. Cette épice avantage goûteusement les viandes, les fruits de mer et les soupes, mais aussi les salades et certaines pâtisseries.

Raifort

On croit que le raifort est originaire d'Allemagne et qu'il se serait répandu vers l'est. On utilise principalement sa racine. À cause de son goût puissant, dont la force se rapproche de celle de la moutarde, on doit utiliser le raifort prudemment.

Usages

Le raifort est une plante aux feuilles larges, plates et brillantes. On peut le manger en salade, bien que les pousses soient fortement épicées. La racine du raifort est à la base de plusieurs préparations, généralement de sauces et de condiments. La racine perd cependant de son goût puissant à la cuisson. On vend des préparations commerciales au raifort dans les supermarchés, mais leur saveur est parfois insipide. Pour préparer une sauce au raifort, il suffit de moudre la racine et de la mélanger avec du vinaigre ou de la crème. Il peut être difficile de trouver du raifort frais, même dans les grandes villes. Il s'en trouve par contre toujours dans les épiceries juives puisqu'il s'agit de l'herbe amère la plus populaire à Pâque dans les cérémonies religieuses de ce groupe.

Wasabi

Aussi appelée raifort japonais, cette racine à l'arôme puissant se présente la plupart du temps sous forme de pâte. On peut se la procurer dans les épiceries orientales.

Usages

Utilisée en petites quantités, elle relève très bien les préparations à base de poisson cru, notamment les sushis et les sashimis.

chapitre 6

Les recettes

Mélanges d'herbes

Bouquet garni

Mélanger trois brins de persil, une branche de laurier et un brin de thym. Déposer sur un cercle de mousseline. Former en sachet à l'aide d'une ficelle. Si le bouquet est trop petit, il perdra sa saveur. Trop gros, il étouffera les autres goûts. On peut obtenir quelques variantes en ajoutant, au goût, du romarin, des clous de girofle, du basilic ou le zeste d'un citron. Le bouquet garni parfumera délicatement vos sauces ainsi que les viandes braisées.

Herbes de Provence

Romarin, marjolaine, thym, sarriette et origan. Ces herbes aromatiques nous viennent du pays de Pagnol, dans le midi de la France. Fraîches, elles pourront être cuisinées par poignées entières. Une fois séchées, elles répandent tout l'hiver leur parfum odorant. Mélangées, elles peuvent se conserver dans des sachets ou des pots de terre cuite. Elles agrémenteront vos ragoûts, pizzas et brochettes en un instant !

Mélanges d'épices

Quatre-épices

Dans un moulin à poivre, broyer une cuillère à soupe de grains de poivre, deux cuillères à thé de clous de girofle et deux cuillères à thé de clous de girofle, de muscade râpée et de gingembre moulu. Garder à l'abri de la lumière.

Le garam masala

Mélange d'épices traditionnelles du nord de l'Inde, il se compose de cumin, de graines de coriandre, de cardamome, de poivre noir, de clous de girofle, de macis, de laurier et de cannelle. On l'utilise dans les plats mijotés, avec les légumes et les viandes.

Le zahtar est un mélange d'épices du Moyen-Orient composé de sumac, de graines de sésame grillées et de thym moulu.

Carpaccio de saumon mariné à l'aneth et au poivre

4 à 6 PORTIONS

500 g	filet (queue) de saumon	1 lb
	frais de l'Atlantique, la peau enlevée	
250 ml	huile d'olive	1 tasse
60 ml	sel de mer	1/4 tasse
125 ml	poivre noir, fraîchement concassé	1/2 tasse
125 ml	aneth frais, haché	1/2 tasse
60 ml	crème sure	1/4 tasse
30 ml	jus de citron	2 c. à soupe
5 ml	sauce forte	1 c. à thé
30 ml	ciboulette fraîche, hachée	2 c. à soupe
4	tranches de pain blanc grillées	4
2	œufs durs, râpés	2
15 ml	persil frais, haché	1 c. à soupe
30 ml	câpres	2 c. à soupe
4	branches d'aneth (décoration)	4
4	tranches de citron (décoration)	4

En Saxe, on punissait des gentilshommes qui épousaient des roturières en les gavant de poivre jusqu'à ce qu'ils en meurent.

Herbes et épices

1. Dans un plat, déposer le saumon, la peau en dessous. Napper d'huile d'olive et saupoudrer de sel, de poivre et d'aneth. Recouvrir le plat d'une pellicule plastique et laisser mariner au réfrigérateur 24 à 48 heures.

2. Dans un bol, mélanger la crème sure, le jus de citron, la sauce forte et la ciboulette ; réserver au réfrigérateur.

3. Couper les tranches de pain en triangles et garnir d'un mélange d'œufs râpés et de persil.

4. Dans des assiettes, dresser le saumon coupé en fines tranches. Garnir de câpres, de pain et de sauce à la crème sure. Décorer de branches d'aneth et de tranches de citron.

> *En France, le poivre était souvent falsifié, c'est-à-dire mélangé avec des coques de moutarde et de genièvre et revendu par les regrattiers.*

Cornichons marinés

1. Laver les cornichons et les éponger.

2. Saupoudrer de sel à marinade et les laisser macérer 24 heures.

3. Ébouillanter les pots de verre et les laisser sécher, tête en bas, sur une serviette propre. Rincer les cornichons, les éponger et les déposer dans les pots.

4. Ajouter quelques branches d'aneth, 15 ml (1 c. à soupe) d'épices à marinade et quelques gousses d'ail dans chaque pot.

5. Verser du vinaigre blanc sur les cornichons. Remplir les pots à ras bord. Fermer hermétiquement le couvercle. Déposer dans un endroit frais.

Les cornichons seront prêts à manger dans environ 1 mois.

Angélique confite

500 g	tiges d'angélique en bâtonnets	**1 lb**
500 g	sucre	**1 lb**
125 ml	eau	**1/2 tasse**

1. Cuire les tiges d'angélique pendant 45 minutes, ou jusqu'à ce qu'elles soient tendres. Enlever les filons. Égoutter et rincer à l'eau froide.

2. Faire fondre le sucre en sirop dans l'eau. Incorporer les bâtonnets d'angélique au sirop et laisser reposer 24 heures.

3. Retirer l'angélique et cuire le sirop jusqu'à épaississement. Remettre les bâtonnets d'angélique et laisser macérer 24 heures.

4. Recommencer l'opération une dernière fois. Laisser reposer 24 heures les bâtonnets dans le sirop épaissi.

5. Retirer les bâtonnets et laisser sécher sur une grille.

Liqueur d'angélique

Donne 2 bouteilles de 750 ml

12 grains	angélique concassée	**12 grains**
12 grains	coriandre concassée	**12 grains**
12 grains	anis concassé	**12 grains**
1 l	alcool blanc	**4 tasses**
500 g	sucre	**2 tasses**
500 ml	eau chaude	**2 tasses**

1. Dans un grand pot, mélanger l'angélique, la coriandre et l'anis dans l'alcool.

2. Bien fermer le pot et laisser macérer au moins une semaine à température de la pièce.

3. Filtrer le mélange.

4. Faire fondre le sucre en sirop dans l'eau chaude. Ajouter à l'alcool.

5. Mettre en bouteille et laisser reposer 8 à 12 semaines.

> *Des graines de coriandre ont été retrouvées dans les tombes des pharaons d'Égypte*

Mousse de mascarpone à l'anis étoilé

4 PORTIONS

2	jaunes d'œufs	2
60 ml	sucre	1/4 tasse
2 ml	anis étoilé, moulu	1/2 c. à thé
375 ml	fromage mascarpone	1 1/2 tasse
30 ml	marsala	2 c. à soupe
2	blancs d'œufs	2
4	fines gaufrettes	4

1. Dans un bol, battre les jaunes d'œufs et le sucre au malaxeur électrique jusqu'à ce qu'ils blanchissent. Ajouter l'anis, incorporer le mascarpone et parfumer au marsala; réserver.

2. Battre les blancs d'œufs en neige et les incorporer délicatement à l'aide d'une spatule au premier mélange.

3. Déposer dans des coupes à dessert et réfrigérer. Au moment de servir, garnir d'une fine gaufrette.

Pesto

Donne environ 2 tasses

500 ml	basilic frais	2 tasses
5 ml	ail frais, haché	1 c. à thé
5 ml	sel	1 c. à thé
2 ml	poivre concassé	1/2 c. à thé
75 ml	pignons	1/3 tasse
125 ml	parmesan râpé	1/2 tasse
250 ml	huile d'olive	1 tasse

1. Dans un robot culinaire, broyer le basilic. Ajouter l'ail, le sel, le poivre, les pignons et le parmesan, et mélanger à haute vitesse.

2. Ajouter graduellement l'huile jusqu'à l'obtention d'une consistance onctueuse et homogène.

3. Pour servir, enrober de pesto des pâtes fraîches.

> *Le basilic était autrefois réputé pour avoir des propriétés magiques et devait être cueilli selon un rituel précis, de préférence les soirs de pleine lune...*

Suprêmes de dinde au basilic

4 PORTIONS

625 g	poitrine de dinde désossée	1 1/4 lb
30 ml	margarine	2 c. à soupe
30 ml	échalotes françaises, hachées	2 c. à soupe
5 ml	ail frais, haché	1 c. à thé
125 ml	vin blanc sec (facultatif)	1/2 tasse
250 ml	tomates, concassées	1 tasse
250 ml	demi-glace (fond brun) du commerce	1 tasse
60 ml	basilic frais, haché	1/4 tasse
	sel et poivre frais moulu, au goût	

1. Couper la poitrine de dinde en 4 portions. Dans une casserole, faire fondre la margarine et faire braiser les morceaux de dinde 2 minutes de chaque côté.

2. Ajouter les échalotes et faire rissoler légèrement. Incorporer l'ail et déglacer au vin blanc. Ajouter les tomates et la demi-glace, laisser mijoter 12 à 15 minutes à feu moyen.

3. Incorporer le basilic, assaisonner et servir.

> *Le basilic fut longtemps l'emblème des amoureux à Rome et est consacré depuis toujours au dieu Vishnu en Inde. Selon les moines hindous, l'odeur du basilic favoriserait la méditation.*

Salade de pâtes au basilic

4 PORTIONS

500 g	pâtes spirales aux légumes, cuites	1 lb
1/2	poivron rouge, haché	1/2
60 ml	olives noires, émincées	1/4 tasse
30 ml	persil frais, haché	2 c. à soupe
2	tomates fraîches, pelées, épépinées et hachées	2

Vinaigrette

30 ml	vinaigre de vin rouge	2 c. à soupe
15 ml	huile d'olive	1 c. à soupe
15 ml	eau	1 c. à soupe
30 ml	basilic frais, haché finement	2 c. à soupe
10 ml	moutarde de Dijon à l'ancienne	2 c. à thé

1. Dans un saladier, mélanger les pâtes, le poivron, les olives, le persil et les tomates ; réserver.

2. Dans un bol, mélanger tous les ingrédients de la vinaigrette.

3. Verser la vinaigrette sur les pâtes, bien mélanger et laisser macérer au réfrigérateur au moins 2 heures. Servir.

Velouté de cresson au cerfeuil

8 à 10 PORTIONS

10 ml	margarine	2 c. à thé
250 ml	oignons, hachés grossièrement	1 tasse
250 ml	céleri, émincé	1 tasse
250 ml	poireau, émincé	1 tasse
750 ml	cresson	3 tasses
500 ml	pommes de terre, coupées en cubes	2 tasses
2 l	bouillon de poulet, dégraissé	8 tasses
250 ml	cerfeuil frais, coupé grossièrement	1 tasse
	ou	
15 ml	cerfeuil séché	1 c. à soupe
	sel et poivre, au goût	

Décoration

125 ml	crème sure légère 1 %	1/2 tasse
8 à 10	bouquets de cerfeuil frais *ou* séché	8 à 10

1. Dans une casserole, faire fondre la margarine et faire suer les oignons, le céleri et le poireau. Incorporer le cresson et les pommes de terre.

2. Mouiller avec le bouillon de poulet et ajouter le cerfeuil; assaisonner. Laisser mijoter à feu doux 20 minutes.

3. À l'aide d'un robot culinaire ou d'un mélangeur électrique, réduire la préparation en purée et remettre dans la casserole. Chauffer à feu doux.

4. Servir dans des bols et décorer d'un filet de crème sure et d'un bouquet de cerfeuil.

Salade de pétoncles
à la ciboulette

4 PORTIONS

1,5 l	fines laitues (radicchio, cresson, Boston, roquette, feuilles de chêne, etc.)	6 tasses
60 ml	huile d'olive	1/4 tasse
250 g	pétoncles	1/2 lb
	sel et poivre, au goût	
10 ml	vinaigre balsamique	2 c. à thé
15 ml	jus de citron	1 c. à soupe
5 ml	jus de lime	1 c. à thé
30 ml	ciboulette, émincée finement	2 c. à soupe
1	tomate, épépinée et coupée en petits dés	1
8	brindilles de ciboulette	8

1. Dresser les laitues au centre des assiettes et réserver.

2. Dans une poêle, faire chauffer l'huile et faire cuire les pétoncles 1 à 2 minutes de chaque côté (selon la grosseur), à feu moyen ; assaisonner.

3. Mouiller avec le vinaigre, le jus de citron et le jus de lime. Laisser mijoter 1 minute. Ajouter la ciboulette.

4. Garnir les laitues de pétoncles et napper de vinaigrette. Décorer de dés de tomate et de brindilles de ciboulette.

Bocconcini à la citronnelle

4 PORTIONS

8	fromages bocconcini, égouttés	8
50 ml	huile d'olive	**1/4 tasse**
50 ml	vinaigre de vin blanc	**1/4 tasse**
50 ml	citronnelle hachée	**1/4 tasse**
2	tomates séchées, à l'huile, égouttées, finement hachées	2
4	feuilles de romaine sel et poivre fraichement moulu	4

1. Couper les fromages en tranches de 5 mm d'épaisseur puis les mettre dans un bol. Réserver.

2. Dans un autre bol, mélanger l'huile d'olive, le vinaigre, la citronnelle, les tomates, le sel et le poivre. Verser l'assaisonnement sur les tranches de fromage et laisser mariner 2 heures à la température de la pièce.

3. Disposer les feuilles de laitue au centre des assiettes à salade, les entourer de tranches de fromage et napper d'assaisonnement.

Kaftas d'agneau à la marocaine

4 PORTIONS

Kaftas

500 g	agneau haché	1 lb
60 ml	coriandre fraîche, hachée *ou*	1/4 tasse
15 ml	graines de coriandre moulues	1 c. à soupe
15 ml	cumin moulu	1 c. à soupe
5 ml	origan séché	1 c. à thé
5 ml	pâte harissa *ou*	1 c. à thé
	piment de Cayenne, au goût	
	sel, au goût	
15 ml	huile de maïs	1 c. à soupe
4	bouquets de coriandre (décoration)	4

Sauce

2	poivrons rouges	2
30 ml	huile d'olive	2 c. à soupe
15 ml	ail, haché	1 c. à soupe
750 ml	tomates, pelées et broyées	3 tasses
	piment de Cayenne, au goût	
	sel, au goût	

Kaftas

1. Préchauffer le four à 190 °C (375 °F). Dans un bol, mélanger l'agneau, la coriandre, le cumin, l'origan, la pâte harissa ou le piment de Cayenne et le sel. Bien travailler la préparation ; faire de petites boulettes en forme de mini-saucisses qui se tiennent bien.

2. Enfiler les mini-saucisses sur le bout de petites brochettes de bois. Dans une grande poêle, faire chauffer l'huile et cuire les kaftas 8 à 10 minutes en les tournant régulièrement.

Sauce

3. Sur une plaque à biscuits huilée, déposer les poivrons et faire griller au four 12 à 15 minutes. Refroidir légèrement et peler, vider et émincer les poivrons.

4. Dans une autre poêle, faire chauffer l'huile et sauter les poivrons. Incorporer l'ail et les tomates ; laisser mijoter jusqu'à ce que le liquide soit évaporé. Incorporer le piment de Cayenne et saler légèrement.

5. Servir les kaftas avec la sauce. Décorer de bouquets de coriandre.

> *La coriande a des propriétés euphorisantes.*
> *Il faut donc l'utiliser avec modération.*

> *Après un repas, les graines de cumin mâchées*
> *facilitent la digestion.*

Poulet à l'estragon

4 PORTIONS

1	poulet de 1 kg (2 lb)	1
3	carottes, coupées grossièrement	3
2	blancs de poireau, coupés grossièrement	2
1/2	oignon, émincé	1/2
30 ml	estragon frais ou séché	2 c. à soupe
1	feuille de laurier	1
1	clou de girofle	1
	quelques brins de persil frais	
30 ml	fécule de maïs,	2 c. à soupe
	délayée dans un peu d'eau froide	
250 ml	yogourt nature	1 tasse
250 ml	crème sure	1 tasse

1. Déposer le poulet dans une casserole, couvrir d'eau froide et porter à ébullition. Retirer le poulet et réserver 500 ml (2 tasses) de liquide.

2. Remettre le poulet dans la casserole, ajouter les légumes, le bouquet garni et le liquide réservé, puis mouiller avec de l'eau aux 3/4 du poulet. Porter à ébullition, réduire le feu et laisser frémir 60 minutes.

3. Retirer le poulet de la casserole et le réserver au chaud.

4. Filtrer le liquide de cuisson et réserver les légumes. Remettre le liquide de cuisson dans la casserole et chauffer à feu doux. Incorporer la fécule de maïs, le yogourt et la crème sure, chauffer jusqu'à épaississement.

5. Servir le poulet nappé de sauce. Accompagner des légumes.

Bouillon de veau à l'estragon

8 PORTIONS

500 g	veau, en cubes	**1 lb**
1,5 l	eau	**6 tasses**
150 g	carottes, en dés	**1/3 lb**
75 g	céleri, en dés	**1/3 tasse**
45 ml	jus de citron	**3 c. à soupe**
	sel (au goût)	
30 ml	beurre	**2 c. à soupe**
15 ml	farine	**1 c. à soupe**
30 ml	crème sure	**2 c. à soupe**
75 ml	estragon frais, haché finement	**1/3 tasse**

1. Dans 1,5 l d'eau, cuire les cubes de veau. Amener à ébullition et écumer.

2. Ajouter les carottes, le céleri et le jus de citron. Saler et laisser mijoter à feu moyen 15 à 20 minutes.

3. Faire fondre le beurre et y incorporer la farine. Laisser refroidir. Incorporer graduellement la crème sure. Ajouter le tout au bouillon de veau.

4. Faire bouillir quelques minutes avant d'ajouter les feuilles d'estragon. Corriger l'assaisonnement et servir.

> *Pour se prémunir contre la fatigue, les pèlerins en mettaient quelquefois de l'estragon dans leurs sandales.*

> *On croyait que l'estragon protégeait de la morsure des serpents et... des dragons !*

Crème de fenouil et de concombre

4 à 6 PORTIONS

5 ml	margarine	1 c. à thé
175 ml	oignons, hachés	3/4 tasse
1	petit fenouil, émincé	1
175 ml	céleri, émincé	3/4 tasse
2	concombres anglais, coupés grossièrement	2
15 ml	persil frais, haché grossièrement	1 c. à soupe
250 ml	pommes de terre, coupées en gros cubes	1 tasse
1,25 l	bouillon de poulet, dégraissé	5 tasses
250 ml	lait évaporé 2 %	1 tasse

Décoration

1	tomate, épépinée et coupée en dés	1
30 ml	coriandre fraîche *ou* persil frais, haché	2 c. à soupe

1. Dans une casserole, faire fondre la margarine et faire suer les oignons, le fenouil et le céleri. Incorporer les concombres, le persil et les pommes de terre.

2. Mouiller avec le bouillon de poulet et laisser mijoter à couvert 20 à 25 minutes à feu doux. Au robot culinaire ou au mélangeur électrique, réduire la préparation en purée. Remettre dans la casserole et chauffer.

3. Au moment de servir, ajouter le lait et bien mélanger. Dresser dans des bols à soupe, décorer de dés de tomate et de coriandre.

Crème de fenouil au crabe des neiges

4 à 6 PORTIONS

15 ml	margarine	1 c. à soupe
125 ml	oignons, hachés grossièrement	1/2 tasse
125 ml	céleri, coupé en morceaux	1/2 tasse
125 ml	poireau, coupé en morceaux	1/2 tasse
1	bulbe de fenouil, feuillage enlevé et coupé en morceaux	1
250 ml	pommes de terre, coupées en morceaux	1 tasse
1	bouquet de persil	1
1,25 l	bouillon de poulet, dégraissé	5 tasses
	sel et poivre, au goût	
125 ml	crème 15 %	1/2 tasse
125 ml	crabe des neiges	1/2 tasse

1. Dans une grande casserole, faire fondre la margarine et faire suer les oignons, le céleri, le poireau et le fenouil.

2. Incorporer les pommes de terre, le persil et mouiller avec le bouillon de poulet. Laisser mijoter 25 minutes et assaisonner.

3. À l'aide d'un robot culinaire ou d'un mélangeur électrique, réduire la préparation en purée et remettre dans la casserole ; réchauffer.

4. Au moment de servir, incorporer la crème et le crabe. Servir chaud et décorer de feuillage de fenouil, si désiré.

Le fenouil stimule la digestion.

Carottes marinées au fenouil

Donne 4 à 5 pots (500 ml)

2 l	eau	8 tasses
500 ml	vinaigre	2 tasses
125 ml	gros sel	1/2 tasse
20	carottes	20
10 à 12	têtes de fenouil	10 à 12
10 à 12	gousses d'ail	10 à 12

1. Dans une casserole, faire bouillir l'eau, le vinaigre et le gros sel.

2. Brosser et couper les carottes en bâtonnets.

3. Dans chaque pot, insérer les carottes, ajouter une tête de fenouil et une gousse d'ail et remplir de vinaigre chaud.

4. Fermer les pots encore chauds et laisser mariner 5 semaines.

 Herbes et épices

Courgettes farcies avec sauce au fenouil

4 à 8 PORTIONS

4	courgettes, taillées en 2 et épépinées	4
1 l	eau salée et légèrement vinaigrée	4 tasses
500 g	porc haché	1 lb
125 ml	pain émietté, imbibé de lait	1/2 tasse
2 ml	sel	1/2 c. à thé
2	œufs	2
2 ml	poivre moulu	1/2 c. à thé
2 ml	persil	1/2 c. thé

Sauce

75 ml	beurre	1/3 tasse
125 ml	farine	1/2 tasse
1	bouquet de fenouil	1
500 ml	lait	2 tasses
30 ml	crème sure	2 c. à soupe
2 ml	sel	1/2 c. à thé
45 ml	sucre	3 c. à soupe

1. Faire bouillir les courgettes dans l'eau salée.

2. Mélanger la viande, le pain imbibé de lait, les œufs, le sel, le poivre et le persil. Remplir les courgettes avec la préparation. Dans un plat beurré allant au four, étendre les courgettes farcies. Humecter le tout de 1/3 de tasse d'eau. Couvrir et cuire au four à 160 °C (325 °F) pendant 20 minutes.

3. Dans une casserole, à feu doux, faire fondre le beurre et y incorporer la farine. Ajouter le fenouil haché, le lait, la crème sure, le sel et le sucre, et laisser mijoter, sans bouillir, 5 minutes.

4. Verser la sauce sur les courgettes, braiser 10 minutes et servir.

Médaillons de dindonneau à la marjolaine

4 PORTIONS

750 g	poitrine de dindonneau désossée	1 1/2 lb
5 ml	margarine	1 c. à thé
5 ml	huile de maïs	1 c. à thé
15 ml	échalotes françaises	1 c. à soupe
5 ml	ail frais, haché	1 c. à thé
125 ml	vin blanc sec (facultatif)	1/2 tasse
500 ml	tomates, en dés	2 tasses
250 ml	demi-glace du commerce *ou* maison	1 tasse
30 ml	marjolaine fraîche	2 c. à soupe
15 ml	persil frais, haché	1 c. à soupe
2 ml	poivre noir, fraîchement moulu	1/2 c. à thé
	sel, au goût	
250 g	linguini aux épinards, cuits et chauds (facultatif)	1/2 lb

1. Sur une planche de travail, découper la poitrine de dindonneau en 8 morceaux, enlever la peau et les aplatir légèrement pour obtenir des médaillons.

2. Dans une grande poêle, faire fondre la margarine dans l'huile et braiser les médaillons de dindonneau de chaque côté. Ajouter les échalotes et faire rissoler légèrement.

3. Incorporer l'ail et déglacer au vin blanc. Mouiller de tomates et de demi-glace. Ajouter la marjolaine, le persil, le poivre et le sel. Laisser réduire pendant 5 minutes à feu moyen.

4. Servir les médaillons dans un plat de service et napper de sauce. Accompagner de linguini.

 Herbes et épices

Paupiettes de sole aux carottes

4 PORTIONS

30 ml	margarine	2 c. à soupe
1	oignon, haché	1
1	gousse d'ail, hachée	1
125 ml	champignons, hachés menu	1/2 tasse
125 ml	carottes, râpées	1/2 tasse
75 ml	chapelure	1/3 tasse
60 ml	persil frais, haché	1/4 tasse
15 ml	jus de citron	1 c. à soupe
2 ml	marjolaine fraîche, hachée	1/2 c. à thé
	sel et poivre, au goût	
1	œuf	1
750 g	filets de sole	1 1/2 lb

Sauce

250 ml	sauce béchamel	1 tasse

1. Préchauffer le four à 200 °C (400 °F). Dans une poêle, faire fondre la margarine. Faire sauter l'oignon et l'ail, 3 minutes. Ajouter les champignons et cuire 2 minutes. Retirer du feu et ajouter les carottes, la chapelure, le persil, le jus de citron, la marjolaine, le sel et le poivre. Incorporer l'œuf. Réserver.

2. Graisser 4 petits moules ronds (ramequins). Découper les filets de sole, de façon à en tapisser les moules Remplir le centre de farce aux carottes, et recouvrir de papier d'aluminium.

3. Déposer dans un plat allant au four. Verser de l'eau bouillante dans le plat jusqu'à mi-hauteur des ramequins. Cuire au four 15 à 20 minutes, jusqu'à ce que le poisson soit bien cuit. Préparer la béchamel et en napper les paupiettes.

Ailes de poulet tandoori
à la menthe

2 PORTIONS

12	ailes de poulet, sans peau	12
125 ml	yogourt nature	1/2 tasse
15 ml	miel liquide	1 c. à soupe
2 ml	menthe fraîche, hachée	1/2 c. à thé

Marinade

2 ml	gingembre moulu	1/2 c. à thé
5 ml	coriandre moulue	1 c. à thé
10 ml	cumin moulu	2 c. à thé
15 ml	vinaigre blanc	1 c. à soupe
1	gousse d'ail, hachée	1
5 ml	paprika	1 c. à thé
10 ml	curcuma moulu	2 c. à thé
60 ml	yogourt nature	1/4 tasse

1. Dans un bol, mélanger tous les ingrédients de la marinade. Verser dans un plat peu profond.

2. Déposer les ailes de poulet dans le plat, mélanger pour bien les enrober et laisser mariner au réfrigérateur, environ 8 heures.

3. Dans un petit bol, mélanger le yogourt, le miel et la menthe ; réserver au frais.

4. Égoutter les ailes et les cuire sur le gril du barbecue, à la cuisson désirée. Servir avec la sauce au yogourt.

Thé glacé à la menthe et au gingembre

4 PORTIONS

250 ml	feuilles de menthe tassées	**1 tasse**
30 ml	feuilles de thé	**2 c. à soupe**
2	lanières de zeste de citron	**2**
5 ml	gingembre, haché finement	**1 c. à thé**
1 l	eau bouillante	**4 tasses**
125 ml	sucre	**12 tasse**
125 ml	jus de citron	**1/2 tasse**
75 ml	jus d'orange non sucré	**1/3 tasse**
750 ml	glaçons	**3 tasses**
4	fines rondelles de citron	**4**
4 brins	menthe fraîche	**4 brins**

1. Dans un bol, mélanger les feuilles de menthe et de thé, le zeste de citron et le gingembre.

2. Ajouter l'eau bouillante et laisser infuser pendant 15 minutes.

3. Filtrer. Ajouter le sucre et remuer. Laisser refroidir complètement puis incorporer les jus de citron et d'orange.

4. Au moment de servir, remplir à moitié les verres de glaçons. Verser le thé à la menthe.

5. Décorer les verres d'une rondelle de citron et d'un brin de menthe.

> *L'huile essentielle de menthe tient à distance*
> *maringouins et mouches noires !*

Velouté de champignons et d'escargots à la menthe fraîche

4 à 6 PORTIONS

15 ml	margarine	1 c. à soupe
2	oignons verts, émincés	2
500 ml	champignons, tranchés	2 tasses
125 ml	céleri, coupé en morceaux	1/2 tasse
1,25 l	bouillon de poulet, dégraissé	5 tasses
250 ml	pommes de terre, coupées en morceaux	1 tasse
60 ml	menthe fraîche, émincée	1/4 tasse
2	bouquets de persil frais	2
	sel et poivre, au goût	
125 ml	crème 15 %	1/2 tasse
24	escargots, égouttés	24

1. Dans une grande casserole, faire fondre la margarine et faire suer les oignons verts, les champignons et le céleri.

2. Mouiller avec le bouillon de poulet, incorporer les pommes de terre, la menthe et le persil. Assaisonner et laisser mijoter 25 minutes environ.

3. À l'aide d'un robot culinaire ou d'un mélangeur électrique, réduire la préparation en purée et remettre dans la casserole.

4. Au moment de servir, ajouter la crème et les escargots.

> *Les Grecs tressaient des couronnes de menthe pour les jeunes mariés.*

Pâtes à l'origan et à la chapelure

4 PORTIONS

5	tranches de pepperoni, coupées en lanières	5
5	tranches de salami, coupées en lanières	5
1	gousse d'ail, hachée finement	1
1	échalote française, hachée finement	1
15 ml	margarine	1 c. à soupe
250 ml	vin blanc sec	1 tasse
15 ml	origan frais, haché	1 c. à soupe
75 ml	olives noires, hachées	1/3 tasse
45 ml	huile de maïs	3 c. à soupe
500 g	spaghetti cuits	1 lb
175 ml	chapelure fine	3/4 tasse

1. Dans une poêle antiadhésive, faire revenir les lanières de pepperoni et de salami, l'ail et l'échalote dans la margarine à feu moyen-vif, 3 minutes. Ajouter le vin, l'origan et les olives; laisser réduire de moitié puis incorporer l'huile et les pâtes.

2. Mélanger pour réchauffer puis incorporer la chapelure en mélangeant bien. Servir.

> L'origan s'emploie à raison de 3 g à 5 g dans une tasse d'eau chaude comme digestif ou contre le hoquet.

Salade de fruits parfumée au romarin

4 PORTIONS

125 ml	raisins frais, coupés en 2	**1/2 tasse**
3	oranges, pelées et coupées en quartiers	**3**
1/2	cantaloup, pelé et coupé en cubes	**1/2**
1	pamplemousse, pelé et coupé en quartiers	**1**
3	kiwis, pelés et coupés en cubes	**3**
1 pincée	cannelle moulue	**1 pincée**
	jus de 2 oranges	
15 ml	miel au romarin	**1 c. à soupe**
30 ml	sirop de grenadine	**2 c. à soupe**

Sirop

30 ml	sucre	**2 c. à soupe**
60 ml	eau	**1/4 tasse**
30 ml	romarin frais	**2 c. à soupe**

1. Couper les fruits au-dessus d'un bol afin de récupérer leur jus.

Sirop
2. Dans une petite casserole, faire dissoudre le sucre dans l'eau à feu doux ; incorporer le romarin, laisser infuser 15 minutes. Filtrer le sirop et réserver dans un bol.

3. Dans un bol de verre, mélanger tous les fruits et saupoudrer de cannelle ; réserver au réfrigérateur 30 minutes.

4. Ajouter le jus d'orange, le miel, le sirop de grenadine, le jus des fruits et mélanger.

5. Verser le sirop sur les fruits et mélanger délicatement. Laisser reposer 2 heures au réfrigérateur avant de servir.

Liqueur des satyres[*]

Macérer pendant 4 à 6 semaines dans 1 litre d'alcool 25 g de menthe, de romarin, de sauge, d'origan et de sarriette. Ajouter 1/2 noix de muscade rapée, 12 clous de girofle, des grains de genévrier concassés et de la cannelle concassée. Filtrer et additionner de sucre (fondu dans un peu d'eau) au goût. Boire à petites doses.

Sel de fines herbes[*]

250 ml	sel de mer fin	**1 tasse**
125 ml	persil séché	**1/2 tasse**
125 ml	feuilles de céleri séchées	**1/2 tasse**
60 ml	sarriette séchée	**1/4 tasse**
60 ml	estragon séché	**1/4 tasse**
30 ml	thym séché	**2 c. à soupe**
15 ml	sauge séchée	**1 c. à soupe**
	autres herbes, au goût (calculer le sel en conséquence)	

Mélanger le sel et les herbes pulvérisées (comme dans un moulin à café). On peut aussi s'inspirer pour la composition de ces sels des différentes formules vendues dans les magasins (herbamare, aromat, etc.).

[*] Source : Michel, Mère, *Le grand livre des fines herbes*, Laval, Éditions Guy Saint-Jean, 1987 (reproduit avec l'autorisation de l'éditeur).

Potage de carottes

4 à 6 PORTIONS

1	oignon, haché	1
15 ml	beurre	1 c. à soupe
750 g	carottes, en rondelles	1 1/2 lb
1 l	bouillon de volaille	4 tasses
2 ml	sel	1/2 c. à thé
2 ml	poivre	1/2 c. à thé
60 ml	sauge fraîche, hachée grossièrement	1/4 tasse

1. Dans une casserole, faire revenir légèrement l'oignon dans le beurre.

2. Ajouter les carottes, le bouillon de volaille, le sel et le poivre. Porter à ébullition et cuire pendant 30 minutes.

3. Passer la soupe au robot culinaire jusqu'à l'obtention d'une consistance crémeuse.

4. Remettre dans la casserole, ajouter la sauge et laisser mijoter pendant 15 minutes. Servir.

Crème de volaille et de riz à la sarriette

4 PORTIONS

5 ml	huile végétale	1 c. à thé
250 ml	oignons, hachés	1 tasse
175 ml	céleri, émincé	3/4 tasse
250 ml	poireau, émincé	1 tasse
2 ml	ail, haché	1/2 c. à thé
15 ml	persil frais, haché	1 c. à soupe
5 ml	sarriette séchée *ou*	1 c. à thé
30 ml	sarriette fraîche, hachée	2 c. à soupe
250 ml	riz minute	1 tasse
1,5 l	bouillon de poulet, dégraissé	6 tasses
	sel et poivre, au goût	
250 ml	lait 2 %	1 tasse

1. Dans une casserole, faire chauffer l'huile et faire suer les oignons, le céleri et le poireau. Ajouter l'ail, le persil, la sarriette et le riz. Mouiller avec le bouillon de poulet et laisser mijoter à couvert 20 à 25 minutes à feu doux ; assaisonner.

2. Réduire en purée au robot culinaire ou au mélangeur électrique ; remettre dans la casserole. Chauffer et, au moment de servir, ajouter le lait.

> *L'essence de sarriette est efficace contre*
> *le mal de dent !*

Daurade au thym

4 PORTIONS

45 ml	huile végétale	**3 c. à soupe**
30 à 45 ml	jus de citron	**2 à 3 c. à soupe**
2	gousses d'ail, hachées finement	**2**
1 kg	daurade, vidée et écaillée	**2 lb**
6	brindilles de thym	**6**

1. Dans un bol, mélanger l'huile, le jus de citron et l'ail.

2. Badigeonner la daurade dont les flancs auront été légèrement entaillés afin d'éviter l'explosion de la peau et de faciliter la pénétration des aromates.

3. Placer les brindilles de thym à l'intérieur de la daurade.

4. Cuire sur le gril du barbecue huilé, à feu vif, 15 minutes environ de chaque côté.

> *Selon une légende grecque, le thym serait né des larmes de la belle Hélène de Troie. La plante était jadis consacrée à Vénus par les Romains.*

Porc au thym

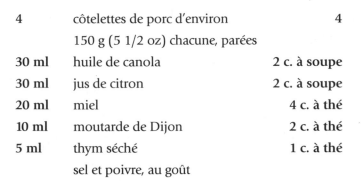

4 PORTIONS

4	côtelettes de porc d'environ	4
	150 g (5 1/2 oz) chacune, parées	
30 ml	huile de canola	2 c. à soupe
30 ml	jus de citron	2 c. à soupe
20 ml	miel	4 c. à thé
10 ml	moutarde de Dijon	2 c. à thé
5 ml	thym séché	1 c. à thé
	sel et poivre, au goût	

1. Dégraisser les côtelettes et les déposer dans un bol de verre peu profond.

2. Dans un bol, mélanger au fouet l'huile, le jus de citron, le miel, la moutarde et le thym. Verser cette préparation sur les côtelettes. Couvrir et placer au réfrigérateur 8 heures en tournant les côtelettes plusieurs fois.

3. Préchauffer le four à 180 °C (350 °F). Égoutter les côtelettes et les déposer dans un plat de cuisson. Cuire au four 15 minutes.

4. Retourner les côtelettes et poursuivre la cuisson 20 minutes. Assaisonner.

On avait coutume de broder sur l'écusson des chevaliers une branche de thym suivie d'une abeille pour leur rappeler que ce que l'on attendait d'eux ne devait en aucun cas exclure la douceur !

Gigotins de veau et d'agneau aux herbes de Provence

4 PORTIONS

250 g	agneau haché	1/2 lb
1	tranche de pain, émiettée et humectée dans 30 ml (2 c. à soupe) de lait	1
1	œuf moyen	1
1/2	oignon vert, haché	1/2
2 ml	ail, haché	1/2 c. à thé
2 ml	romarin frais, haché finement	1/2 c. à thé
2 ml	graines de fenouil moulues	1/2 c. à thé
2 ml	marjolaine séchée	1/2 c. à thé
2 ml	thym séché	1/2 c. à thé
15 ml	persil frais, haché	1 c. à soupe
	sel et poivre, au goût	
4	escalopes de veau (125 g/4 oz chacune) très minces	4
15 ml	huile d'olive	1 c. à soupe
30 ml	échalotes françaises, hachées	2 c. à soupe
5 ml	ail, haché	1 c. à thé
1	bouquet garni (1 feuille de laurier, 1 branche de thym, 1 bouquet de persil)	1
250 ml	vin blanc sec (facultatif)	1 tasse
375 ml	bouillon de bœuf, dégraissé	1 1/2 tasse
500 ml	tomates pelées, broyées	2 tasses
	sel et poivre, au goût	
10 ml	fécule de maïs, délayée dans un peu d'eau froide	2 c. à thé

1. Dans un bol, mélanger l'agneau, le pain, l'œuf, l'oignon vert, l'ail, le romarin, le fenouil, la marjolaine, le thym et le persil; assaisonner et réserver.

2. Répartir la farce sur chaque escalope, refermer en forme de boule (gigotin) et ficeler.

3. Dans une casserole, faire chauffer l'huile et faire dorer les gigotins avec les échalotes. Ajouter l'ail et le bouquet garni, mouiller avec le vin blanc, le bouillon de bœuf et les tomates. Assaisonner et laisser mijoter à couvert 1 heure environ à feu doux; lier la sauce avec un peu de fécule de maïs.

> *Les tiges de romarin peuvent servir de brochettes*
> *pour la viande en barbecue.*

Trempette mixte

45 ml de trempette/portion

bâtonnets de légumes (au choix)

Trempette aux poivrons

2	poivrons rouges	2
125 ml	yogourt nature, sans gras	**1/2 tasse**
125 ml	crème sure	**1/2 tasse**
5 ml	paprika	**1 c. à thé**
2 ml	sauce Worcestershire	**1/2 c. à thé**
4 tranches	bacon, cuit et haché	**4 tranches**

Trempette aux carottes

2	carottes, pelées	2
125 ml	yogourt nature, sans gras	**1/2 tasse**
125 ml	crème sure	**1/2 tasse**
5 ml	graines de cumin	**1 c. à thé**
1	oignon vert, émincé	1

Trempette aux poivrons

1. Placer les poivrons au four, et griller à «broil» jusqu'à ce que la peau noircisse. Envelopper les poivrons dans une feuille de papier d'aluminium, laisser refroidir. Peler et épépiner les poivrons.

2. Mélanger les poivrons et les autres ingrédients (sauf le bacon) de la trempette au robot culinaire. Verser dans un bol, ajouter le bacon et réserver au réfrigérateur.

Trempette aux carottes

3. Couper grossièrement les carottes, les cuire à l'eau. Les passer au robot culinaire pour obtenir une purée consistante.

4. Ajouter tous les ingrédients de la trempette dans le bol du robot culinaire, mélanger et réserver au réfrigérateur.

5. Servir les trempettes accompagnées de légumes en bâtonnets.

Herbes et épices

Curry d'agneau aux parfums indiens

4 PORTIONS

2	oignons, hachés	2
1	gousse d'ail, hachée	1
30 ml	huile de canola	2 c. à soupe
2	tomates, coupées en dés	2
1	feuille de laurier	1
30 ml	poudre de curry	2 c. à soupe
1 kg	épaule d'agneau, désossée et découpée en bouchées	2 lb
250 ml	eau	1 tasse
125 ml	yogourt nature	1/2 tasse
	piment de Cayenne, au goût	

1. Dans une casserole, faire revenir les oignons et l'ail dans 15 ml (1 c. à soupe) d'huile. Ajouter les tomates et la feuille de laurier. Laisser cuire à feu très doux pendant quelques minutes, puis ajouter la poudre de curry. Laisser mijoter 2 minutes. Retirer du feu. Réserver.

2. Dans une grande poêle, faire chauffer le reste de l'huile (15 ml / 1 c. à soupe) et faire revenir la viande à feu vif, jusqu'à ce qu'elle brunisse uniformément.

3. Déposer la viande dans la casserole.

4. Ajouter l'eau à la préparation. Laisser mijoter à feu doux pendant environ 1 heure, ou jusqu'à ce que la sauce ait pris une belle texture (assez dense) et que l'agneau se déchire à la fourchette. Avant de servir, incorporer le yogourt et saupoudrer de piment de Cayenne.

Chou-fleur au curry

4 PORTIONS

15 ml	huile de maïs	**1 c. à soupe**
10 ml	curry	**2 c. à thé**
500 g	chou-fleur, en bouquets	**1 lb**
1	oignon, haché	**1**
1	gousse d'ail, émincée	**1**
125 ml	yogourt nature	**1/2 tasse**
15 ml	menthe séchée	**1 c. à soupe**

1. Dans un plat allant au four micro-ondes, mélanger l'huile et le curry. Cuire, à intensité maximale (100 %), 1 minute.

2. Ajouter le chou-fleur, l'oignon et l'ail. Bien mélanger.

3. Couvrir et cuire à intensité maximale (100 %), 10 minutes.

4. Incorporer le yogourt. Mélanger. Saupoudrer de menthe séchée.

 Herbes et épices

Sauce au curry pour fondue

125 ml	beurre	**1/2 tasse**
45 ml	farine	**3 c. à soupe**
2 ml	curry	**1/2 c. à thé**
15 ml	jus de citron	**1 c. à soupe**
1 boîte	consommé de bœuf	**1 boîte**

1. Dans une casserole, faire fondre le beurre à feu moyen.

2. Ajouter la farine graduellement et retirer du feu.

3. Mélanger, à part, le curry et le jus de citron. Incorporer au premier mélange.

4 Ajouter graduellement le consommé et mijoter en brassant pendant environ 10 minutes. Servir chaud.

Tournedos de dinde au gingembre

4 PORTIONS

15 ml	huile de maïs	1 c. à soupe
30 ml	gingembre frais, râpé	2 c. à soupe
1	gousse d'ail, émincée	1
4	tournedos de dinde	4
2	oignons, hachés	2
1	poivron rouge, en languettes	1
10	champignons, hachés	10
2	oignons verts, hachés	2
15 ml	sauce soya légère	1 c. à soupe

1. Dans une poêle antiadhésive, chauffer l'huile. Ajouter le gingembre et l'ail, laisser frémir pendant quelques secondes, jusqu'à ce que l'ail blondisse légèrement.

2. Déposer les tournedos dans la poêle. Cuire jusqu'à ce que la viande brunisse (environ 10 minutes).

3. Ajouter les légumes. Poursuivre la cuisson pendant 10 minutes, à feu moyen.

4. Ajouter la sauce soya et bien mélanger. Servir avec du riz nature.

Pour éviter la moisissure, toujours garder le gingembre au frais, soit au réfrigérateur ou au congélateur, dans un papier absorbant doublé de plastique.

Gratin de poires au gingembre

4 PORTIONS

4	poires, pelées, coupées en 2 et évidées	4
250 ml	sucre	1 tasse
500 ml	eau	2 tasses
60 ml	gingembre frais, tranché	1/4 tasse
	bouquets de menthe fraîche (facultatif)	

Crème à gratin

150 ml	lait	2/3 tasse
2 ml	essence de vanille	1/2 c. à thé
2	jaunes d'œufs	2
60 ml	sucre	1/4 tasse
5 ml	fécule de maïs	1 c. à thé
75 ml	crème 35 %, fouettée	1/3 tasse

1. Dans une casserole, réunir les poires, le sucre, l'eau et le gingembre. Amener à ébullition, puis réduire le feu et laisser mijoter pendant 6 à 8 minutes ou jusqu'à ce que les poires soient tendres. Retirer du feu et laisser les poires refroidir dans le sirop.

Crème à gratin

2. Dans une casserole, faire chauffer le lait à feu moyen. Dans un bol, mélanger l'essence de vanille, les jaunes d'œufs, le sucre et la fécule de maïs. Verser le tout sur le lait chaud en brassant sans arrêt et amener à ébullition. Retirer du feu et laisser refroidir.

3. Incorporer la crème fouettée à la crème refroidie.

4. Découper chaque demi-poire en éventail, puis en étaler 2 dans chaque assiette allant au four. Napper de crème à gratin et faire dorer le dessus au four, *à broil*, quelques secondes. Décorer d'un bouquet de menthe fraîche.

Médaillons de veau au genièvre

2 PORTIONS

450 g	filet de veau, taillé en médaillons	1 lb
	poivre du moulin, au goût	
5 ml	beurre	1 c. à thé
10 ml	huile de maïs	2 c. à thé
250 ml	bouillon au poulet	1 tasse
30 ml	crème 35 %	2 c. à soupe
	persil haché, au goût	
6	baies de genièvre	6

1. Aplatir légèrement la viande avec un gros couteau. Assaisonner.

2. Dans une poêle antiadhésive, chauffer le beurre et l'huile. Déposer la viande, cuire 5 minutes de chaque côté et réserver.

3. Déglacer la poêle avec le bouillon de poulet. Ajouter le persil haché et les baies de genièvre. Laisser réduire, à feu moyen, quelques minutes et incorporer la crème.

4. Dresser la viande au centre de l'assiette et verser la sauce autour. Servir très chaud.

Biscuits à la mélasse

Donne environ 3 douzaines

125 ml	margarine	1/2 tasse
125 ml	cassonade	1/2 tasse
125 ml	mélasse	1/2 tasse
1	œuf	1
750 ml	farine tout usage	3 tasses
5 ml	poudre à pâte	1 c. à thé
5 ml	gingembre moulu	1 c. à thé
1 pincée	muscade moulue	1 pincée
125 ml	lait 2 %	1/2 tasse

1. Préchauffer le four à 190 °C (375 °F). Déposer la margarine et la cassonade dans le bol du robot culinaire ; bien mélanger. Ajouter la mélasse et l'œuf, bien mélanger et réserver.

2. Dans un bol, mélanger la farine, la poudre à pâte, le gingembre et la muscade. Faire tourner le robot culinaire à basse vitesse et ajouter le mélange d'ingrédients secs. Incorporer lentement le lait, jusqu'à ce que le mélange soit homogène.

3. À l'aide d'une cuillère à soupe, déposer la pâte sur une plaque à pâtisserie graissée. Cuire au four 8 à 10 minutes. Laisser refroidir et conserver dans une boîte à biscuits.

Le gingembre confit favorise la digestion.

Sauce au persil
pour accompagner les pâtes

Donne environ 2 tasses

250 ml	persil frais	**1 tasse**
750 ml	eau, légèrement salée	**3 tasses**
500 ml	crème 15 %	**2 tasses**
2 ml	sel	**1/2 c. à thé**
2 ml	poivre concassé	**1/2 c. à thé**
	brins de persil (décoration)	

1. Dans une casserole, cuire le persil dans l'eau salée pendant 10 minutes.

2. Égoutter le persil et le passer au robot culinaire jusqu'à l'obtention d'une consistance lisse.

3. Remettre le persil dans la casserole, ajouter la crème et laisser mijoter à feu doux pendant 5 minutes.

4. Ajouter le sel et le poivre et bien mélanger. Servir sur des pâtes et décorer de brins de persil frais.

> *Formule contre l'ivrognerie :*
> *Faire bouillir dans un litre d'eau.*
> *50 g de persil,*
> *1 écorce de pamplemousse,*
> *1 écorce d'orange, sucrer.*
> *Prendre 1 c. à thé chaque matin à jeun.*

Marinade pour la volaille

Donne environ 1/2 tasse

30 ml	moutarde de Dijon	2 c. à soupe
15 ml	poivre noir concassé	1 c. à soupe
60 ml	huile d'olive	1/4 tasse
15 ml	sauce de type Worcestershire	1 c. à soupe
1 ml	sauce au piment	1/4 c. à thé

1. Dans un grand bol, bien mélanger la moutarde, le poivre, l'huile d'olive, la sauce de type Worcestershire et la sauce au piment.

2. Laisser mariner la volaille pendant 1 heure.

3. Cuire au four ou griller la volaille.

> *La légende veut que Tristan et Iseut soient tombés sous le charme de vins... poivrés !*

> *À la Renaissance, le mot poivrier désignait le marchand de poivre. On conservait cette épice très prisée dans de petites boîtes et dans des récipients cylindriques.*

Escalopes de veau roulées, au paprika

4 PORTIONS

2	poivrons rouges	2
15 ml	paprika	1 c. à soupe
75 ml	chapelure nature	1/3 tasse
500 g	escalopes de veau	1 lb
30 ml	sauce teriyaki	2 c. à soupe
1	œuf, battu	1
15 ml	huile maïs	1 c. à soupe
15 ml	margarine	1 c. à soupe
60 ml	vermouth blanc sec	1/4 tasse
375 ml	bouillon de légumes	1 1/2 tasse
5 ml	paprika	1 c. à thé
60 ml	beurre d'arachide crémeux	1/4 tasse
15 ml	crème sure	1 c. à soupe

1. Rôtir les poivrons au four à *broil*. Dès que la peau noircit, retirer les poivrons du four, les déposer dans un sac de papier 10 minutes. Enlever la pelure des poivrons, les couper en 2 et nettoyer l'intérieur ; réserver.

2. Dans un bol, mélanger le paprika et la chapelure ; réserver. Faire mariner les escalopes dans la sauce teriyaki 30 minutes.

3. Préchauffer le four à 180 °C (350 °F). Égoutter les escalopes, les passer dans l'œuf battu, puis dans le mélange paprika-chapelure. N'enduire qu'une seule face. Rouler les escalopes et réserver.

4. Dans une poêle antiadhésive, chauffer l'huile et la margarine, faire dorer les escalopes à feu vif, 3 à 4 minutes. Retirer les escalopes de la poêle, les déposer dans un plat allant au four et terminer la cuisson au four 15 à 20 minutes.

5. Entre-temps, dans la même poêle, faire sauter les poivrons rouges, déglacer au vermouth, ajouter le bouillon de légumes, le paprika et le beurre d'arachide, laisser réduire 5 minutes à feu vif. Passer le tout au robot culinaire, remettre dans la poêle et incorporer la crème sure.

6. Verser la sauce dans le fond de 4 assiettes chaudes et y déposer les escalopes.

Filet de porc à l'orange, sauce au poivre vert

6 PORTIONS

2	petites oranges	2
2	petits filets de porc	2
15 ml	farine tout usage	1 c. à soupe
15 ml	huile végétale	1 c. à soupe
1	gousse d'ail, émincée	1
	sel et poivre, au goût	
60 ml	vin blanc sec	1/4 tasse
30 ml	jus d'orange concentré	2 c. à soupe
10 ml	grains de poivre vert	2 c. à thé
125 ml	crème à fouetter	1/2 tasse

1. Préchauffer le four à 190 °C (375 °F). Peler les oranges. Enlever la membrane extérieure avec un couteau. Couper en quartiers et réserver.

2. Enfariner les filets. Dans une poêle allant au four, faire chauffer l'huile sur la cuisinière à feu moyen, faire brunir les filets des deux côtés. Parfumer d'ail et assaisonner. Cuire au four pendant 12 minutes ou jusqu'à ce que l'intérieur des filets garde une très légère teinte rosée et qu'un thermomètre à viande, inséré à un angle de 20 degrés, indique 70 °C (160 °F). Retirer de la poêle, couvrir de papier d'aluminium et laisser reposer 10 minutes.

3. Enlever l'excédent de gras de la poêle. Déglacer au vin, ajouter le jus d'orange et les grains de poivre, chauffer à feu moyen et laisser réduire de moitié, en raclant bien le fond.

 Herbes et épices

4. Réduire la chaleur et ajouter la crème. Laisser mijoter 1 minute ou jusqu'à ce que le mélange soit très onctueux. Couper les filets en tranches de 5 mm (1/4 po). Dresser les filets dans une assiette de service, napper de sauce et garnir de quartiers d'orange.

> *On disait que porter un sachet de poivre sur soi protégeait des fièvres et des maladies sournoises. À la Renaissance, il contribuait à traiter la syphilis. Les fourrures étaient aussi traitées au poivre pour leur conservation.*

> *L'huile essentielle de poivre, comme celle de menthe, éloigne les insectes.*

Crème de moules au safran

4 PORTIONS

2	échalotes françaises, hachées *ou*	2
	1 oignon rouge, haché	
10 ml	margarine	2 c. à thé
1 kg	moules en écailles	2 lb
250 ml	vin blanc sec	1 tasse
250 ml	bouillon de poisson	1 tasse
1 pincée	safran	1 pincée
375 ml	crème 15 % (style champêtre)	1 1/2 tasse

1. Dans une casserole, faire suer les échalotes ou l'oignon dans la margarine à feu moyen. Incorporer les moules et le vin, couvrir et poursuivre la cuisson 5 minutes en remuant la casserole à quelques reprises.

2. Retirer les moules de la casserole et jeter celles qui sont encore fermées. Retirer les moules de leur coquille ; réserver au chaud.

3. Dans la casserole, ajouter le bouillon de poisson et le safran au liquide de cuisson ; laisser réduire en cuisant 5 minutes.

4. Incorporer la crème et laisser de nouveau réduire 5 minutes (sans bouillir). Ajouter les moules et servir chaud.

> *Grand consommateur d'herbes précieuses, Néron fit joncher le sol de safran sous ses pas à l'occasion d'une procession solennelle et, à la mort de Poppée, sa femme, il fit brûler en son honneur plus de cannelle qu'on en importait à Rome en une année entière.*

Vin chaud épicé

4 PORTIONS

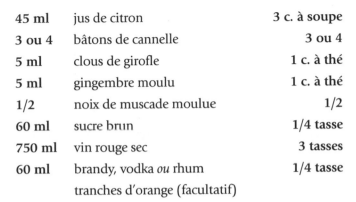

45 ml	jus de citron	3 c. à soupe
3 ou 4	bâtons de cannelle	3 ou 4
5 ml	clous de girofle	1 c. à thé
5 ml	gingembre moulu	1 c. à thé
1/2	noix de muscade moulue	1/2
60 ml	sucre brun	1/4 tasse
750 ml	vin rouge sec	3 tasses
60 ml	brandy, vodka *ou* rhum	1/4 tasse
	tranches d'orange (facultatif)	

1. Dans une casserole, mélanger le jus de citron, la cannelle, les clous de girofle, le gingembre, la muscade et le sucre brun. Verser le vin et amener au point d'ébullition sans faire bouillir.

2. Mijoter environ 10 minutes à feu doux et ajouter graduellement l'eau de vie (au choix).

3. Filtrer la boisson et servir chaud dans de grands verres décorés d'une tranche d'orange (facultatif).

> *Vers l'an 1700, la production mondiale de girofle pouvait atteindre un million de tonnes !*

Grog au rhum

4 PORTIONS

45 ml	cassonade	**3 c. à soupe**
250 ml	eau chaude	**1 tasse**
250 ml	rhum	**1 tasse**
45 ml	jus de citron	**3 c. à soupe**
2 ml	cannelle moulue	**1/2 c. à thé**
2 ml	clous de girofle moulus	**1/2 c. à thé**
	bâtons de cannelle (facultatif)	
	tranches de citron (facultatif)	

1. Dans une casserole, faire fondre la cassonade dans l'eau chaude.

2. Ajouter le rhum, le jus de citron, les bâtons de cannelle et les clous de girofle. Cuire à feu doux 4 à 5 minutes (sans porter à ébullition).

3. Filtrer et servir chaud dans des tasses et décorer d'un bâton de cannelle et d'une tranche de citron (facultatif).

 Herbes et épices

Punch chaud aux canneberges

10 PORTIONS

1,5 l	jus de canneberges	**6 tasses**
125 ml	canneberges fraîches *ou* décongelées, hachées	**1/2 tasse**
500 ml	jus d'ananas	**2 tasses**
500 ml	pêches, en morceaux	**2 tasses**
2	clous de girofle	**2**
1	bâton de cannelle	**1**
30 ml	canneberges, tranchées (garniture)	**2 c. à soupe**

1. Verser tous les ingrédients, sauf la garniture, dans une grande casserole. Couvrir et cuire, à feu moyen, 10 minutes.

2. Retirer les clous de girofle et le bâton de cannelle ; les jeter.

3. Passer la préparation au robot culinaire.

4. Verser dans des verres et décorer de canneberges tranchées.

Pains d'épices

8 PORTIONS

125 ml	babeurre *ou* lait sur	1/2 tasse
60 ml	mélasse	1/4 tasse
45 ml	huile	3 c. à soupe
1	œuf	1
250 ml	farine tout usage	1 tasse
75 ml	cassonade, tassée	1/3 tasse
5 ml	gingembre moulu	1 c. à thé
2 ml	bicarbonate de soude	1/2 c. à thé
1 ml	poudre à pâte	1/4 c. à thé
1 ml	muscade moulue	1/4 c. à thé
1 ml	piment de la Jamaïque moulu	1/4 c. à thé

1. Préchauffer le four à 180 °C (350 °F). Dans un bol, mélanger le babeurre ou le lait, la mélasse, l'huile et l'œuf.

2. Dans un autre bol, mélanger les ingrédients secs, puis les ajouter à la première préparation. Bien mélanger avec une cuillère en bois.

3. Abaisser la pâte et la découper à l'emporte-pièce ou avec un couteau. Déposer les biscuits sur une plaque à pâtisserie beurrée. Cuire 10 à 15 minutes selon l'épaisseur des biscuits.

4. Laisser reposer 10 minutes. Décorer au choix.

Gâteau au miel

8 à 10 PORTIONS

425 ml	farine tout usage	1 3/4 tasse
2 ml	cannelle moulue	1/2 c. à thé
1 pincée	clou de girofle moulu	1 pincée
1 pincée	muscade moulue	1 pincée
5 ml	poudre à pâte	1 c. à thé
1 pincée	sel	1 pincée
60 ml	beurre	1/4 tasse
30 ml	mayonnaise	2 c. à soupe
60 ml	cassonade	1/4 tasse
150 ml	lait	2/3 tasse
125 ml	miel	1/2 tasse
60 ml	amandes effilées (décoration)	1/4 tasse

1. Préchauffer le four à 160 °C (325 °F). Graisser et enfariner un moule à pain en aluminium de 21 x 11 cm (8 1/2 x 4 1/2 po). Dans un bol du robot culinaire, mélanger la farine, la cannelle, le clou de girofle, la muscade, la poudre à pâte et le sel. Incorporer le beurre, la mayonnaise et la cassonade, et mélanger jusqu'à ce que le mélange soit grumeleux.

2. Ajouter le lait et le miel, bien mélanger.

3. Verser la pâte dans le moule et parsemer le dessus d'amandes effilées. Cuire au four 1 heure 45 minutes à 2 heures, ou jusqu'à ce qu'un couteau inséré au centre en ressorte propre.

4. Sortir le gâteau du four, le laisser refroidir 5 minutes et le démouler. Servir tiède ou froid.

Terrine mi-sauvage

1	perdrix	1
500 g	épaule de porc, désossée	1 lb
250 g	barde de porc	1/2 lb
2	œufs	2
15 ml	thym frais, haché très finement	1 c. à soupe
30 ml	marjolaine fraîche, hachée très finement	2 c. à soupe
30 ml	persil frais, haché très finement	2 c. à soupe
1 feuille	laurier, hachée très finement	1 feuille
30	pistaches *ou* noix de Grenoble, entières	30
250 ml	vin blanc sec	1 tasse
30 ml	brandy *ou* cognac	2 c. à soupe
	sel et poivre, au goût	

1. Désosser la perdrix et retirer la peau. Hacher (à l'aide d'un hachoir) les cuisses de la perdrix, le porc et la moitié de la barde de porc. Couper les demi-poitrines de perdrix et la langue de veau en fines lanières; réserver.

2. Préchauffer le four à 190 °C (375 °F). Dans un bol, mélanger les viandes hachées, les œufs, les fines herbes, la feuille de laurier, les pistaches, le vin blanc et le brandy; assaisonner.

3. Dans une terrine, alterner la préparation de viandes hachées et celle de lanières de perdrix et de veau. Recouvrir de l'autre moitié de barde de porc. Cuire dans un bain-marie, au four, pendant 1 heure environ. Refroidir et laisser reposer 24 heures au réfrigérateur.

 Herbes et épices

Crème à l'oignon

4 PORTIONS

75 ml	pois jaunes secs, cassés, triés et lavés	1/3 tasse
500 ml	eau	2 tasses
250 ml	oignons, hachés	1 tasse
75 ml	carottes, hachées	1/3 tasse
10 ml	margarine	2 c. à thé
250 ml	bouillon de légumes	1 tasse
1	feuille de laurier	1
2 ml	aneth séché	1/2 c. à thé
1 ml	thym séché	1/4 c. à thé
	poivre, au goût	
75 ml	lait écrémé	1/3 tasse
	crème sure (15 ml/1 c. à soupe par portion)	
1	petite carotte, râpée	1

1. Déposer les pois dans une casserole et y verser l'eau. Porter à ébullition, réduire le feu et laisser mijoter 30 minutes. Ne pas égoutter.

2. Dans une poêle antiadhésive, cuire les oignons et les carottes dans la margarine 10 minutes à feu moyen, ou jusqu'à ce que les oignons soient bien dorés. Ajouter le tout aux pois.

3. Incorporer le bouillon, la feuille de laurier, l'aneth et le thym. Couvrir à demi et laisser mijoter 30 minutes.

4. Assaisonner et retirer la feuille de laurier. Ajouter le lait, bien remuer. Au mélangeur, réduire la préparation en purée.

5. Au moment de servir, garnir de crème sure et de carotte râpée.

Tortillas au tofu

4 PORTIONS

30 ml	huile d'olive	2 c. à soupe
1	oignon, haché	1
3	gousses d'ail, hachées	3
1	piment Jalapeño vert fort, haché finement	1
1	poivron vert, haché	1
1	poivron rouge, haché	1
10 ml	cumin moulu	2 c. à thé
5 ml	paprika	1 c. à thé
5 ml	coriandre moulue	1 c. à thé
2 ml	origan	1/2 c. à thé
60 ml	pâte de tomates	1/4 tasse
60 ml	sauce soya	1/4 tasse
500 g	tofu , égoutté et émietté	1 lb
250 ml	maïs surgelé	1 tasse
	sel et poivre du moulin, au goût	
8	tortillas du commerce	8
250 ml	salsa du commerce	1 tasse

1. Dans une poêle, faire chauffer l'huile à feu moyen, y faire revenir l'oignon, l'ail et le piment fort pendant 3 minutes. Ajouter les poivrons, le cumin, le paprika, la coriandre et l'origan. Faire revenir encore 2 minutes.

2. Incorporer la pâte de tomates, la sauce soya et le tofu, puis laisser mijoter à feu doux pendant 5 minutes. Ajouter le maïs, assaisonner et retirer du feu.

3. Répartir le mélange sur les tortillas, les enrouler et les placer dans un plat allant au four. Couvrir et cuire au four à 180 °C (350 °F) pendant 20 minutes. Servir avec la salsa.

Roulade de poivron et de polenta

2 PORTIONS

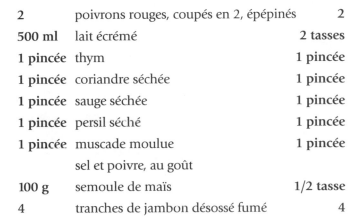

2	poivrons rouges, coupés en 2, épépinés	2
500 ml	lait écrémé	2 tasses
1 pincée	thym	1 pincée
1 pincée	coriandre séchée	1 pincée
1 pincée	sauge séchée	1 pincée
1 pincée	persil séché	1 pincée
1 pincée	muscade moulue	1 pincée
	sel et poivre, au goût	
100 g	semoule de maïs	1/2 tasse
4	tranches de jambon désossé fumé	4

1. Remplir une casserole à moitié d'eau et porter à ébullition. Plonger les poivrons et cuire 5 minutes puis refroidir dans de l'eau froide. Déposer sur un linge et réserver.

2. Dans une autre casserole, chauffer le lait à feu moyen, y incorporer le thym, la coriandre, la sauge, le persil, la muscade, le sel et le poivre ; bien mélanger. Quand le liquide commence à frémir, réduire la chaleur et saupoudrer la semoule de maïs en fine pluie ; chauffer en remuant constamment avec une spatule de 15 à 20 minutes. Contrôler la cuisson de la polenta en y goûtant, puis laisser refroidir.

3. Prélever 1/4 de la préparation et lui donner la forme d'un rouleau ; faire ainsi les 3 autres rouleaux ; envelopper chaque rouleau de poivron, puis enrober d'une tranche de jambon. Réchauffer à la poêle ou au four et servir en tranches de 3,5 cm (1 1/2 po).

Œufs bénédictine à la saucisse de poulet

4 PORTIONS

4	muffins anglais, coupés en 2 et grillés	4
4	œufs moyens, pochés	4

Saucisses de poulet

500 g	poulet haché	1 lb
7 ml	sauge moulue	1 1/2 c. à thé
2 ml	poudre d'ail	1/2 c. à thé
2 ml	poudre d'oignon	1/2 c. à thé
2 ml	muscade moulue	1/2 c. à thé
1 pincée	cannelle moulue	1 pincée
1 pincée	clou de girofle moulu	1 pincée
	sel et poivre, au goût	

Sauce hollandaise

2	jaunes d'œufs moyens	2
30 ml	moutarde de Dijon	2 c. à soupe
30 ml	jus de citron	2 c. à soupe
1 pincée	sel	1 pincée
1 pincée	piment de Cayenne	1 pincée
60 ml	beurre, fondu	1/4 tasse
30 ml	huile d'olive	2 c. à soupe
2	blancs d'œufs moyens	2

saucisses de poulet

1. À l'aide du robot culinaire, bien mélanger tous les ingrédients. Diviser le mélange en 8 parts et former des galettes de 8 à 10 cm (3 à 4 po) de diamètre.

2. Dans une poêle à revêtement antiadhésif, faire revenir les saucisses de poulet pendant 3 minutes de chaque côté. Retirer de la poêle et égoutter sur du papier essuie-tout, réserver au chaud.

Sauce hollandaise

3. À l'aide du robot culinaire ou du mélangeur, bien mélanger les jaunes d'œufs avec la moutarde de Dijon, le jus de citron, le sel et le piment de Cayenne. Incorporer le beurre fondu, graduellement en filet, puis incorporer l'huile d'olive.

4. Dans un bol, fouetter les blancs d'œufs en neige ferme avec la crème de tartre, puis incorporer délicatement la sauce hollandaise.

5. Déposer 2 demi-muffins anglais grillés dans chaque assiette, les garnir de saucisses de poulet, déposer un œuf poché sur chacun, puis napper de sauce hollandaise. Si désiré, faire dorer légèrement au four, sous le gril et servir.

Légumes marinés aux fines herbes

4 PORTIONS

2	échalotes sèches, coupées en 2	2
2	oignons verts	2
125 ml	brocoli, en petits bouquets	1/2 tasse
125 ml	chou-fleur, en petits bouquets	1/2 tasse
125 ml	champignons, coupés en 4	1/2 tasse
2	carottes, en bâtonnets	2
1/2	poivron rouge, coupé en morceaux	1/2
1/2	poivron vert, coupé en morceaux	1/2
1/2	poivron jaune, coupé en morceaux	1/2
6	fèves vertes, entières	6
6	fèves jaunes, entières	6

Marinade

500 ml	vinaigre blanc	2 tasses
15 ml	piments broyés	1 c. à soupe
1	gousse d'ail	1
1 ml	poivre blanc	1/4 c. à thé
30 ml	origan frais, haché	2 c. à soupe
15 ml	thym frais, haché	1 c. à soupe
5 ml	miel	1 c. à thé
250 ml	eau	1 tasse

1. Dans une petite casserole, réunir les ingrédients de la marinade et porter à ébullition.

2. Déposer tous les légumes dans un bol.

3. Verser la marinade chaude sur les légumes.

4. Déposer les légumes et la marinade dans un grand pot ou 2 pots moyens, bien fermer. Laisser reposer plusieurs semaines au réfrigérateur avant de servir.

Poulet aux pêches

4 PORTIONS

4	cuisses de poulet, sans peau	4
15 ml	huile de canola	1 c. à soupe
2	oignons, hachés	2
2	gousses d'ail, émincées	2
5 ml	cannelle	1 c. à thé
5 ml	curcuma	1 c. à thé
5 ml	muscade	1 c. à thé
2 ml	paprika	1/2 c. à thé
250 ml	bouillon de poulet, dégraissé	1 tasse
2 traits	sauce Tabasco	2 traits
	jus de 1 citron	
2	pêches fraîches, coupées en quartiers	2
15 ml	fécule de maïs	1 c. à soupe
60 ml	bouillon de poulet, dégraissé	1/4 tasse

1. Dans une poêle antiadhésive, faire dorer le poulet dans l'huile chaude jusqu'à ce qu'il soit bien bruni de tous les côtés.

2. Retirer le poulet et le réserver. Faire blondir les oignons et l'ail. Ajouter les épices, réduire le feu et cuire 3 minutes.

3. Incorporer le bouillon de poulet (250 ml/1 tasse), la sauce Tabasco, le jus de citron, et remettre le poulet dans la poêle.

4. Ajouter les quartiers de pêches à la préparation, couvrir, et cuire à feu doux pendant 20 minutes. Retirer les aliments et les déposer dans un plat.

5. Délayer la fécule de maïs dans le bouillon de poulet (60 ml/1/4 tasse). En verser la moitié dans le jus de cuisson et cuire 2 minutes. Napper le poulet de sauce et servir.

Sauté d'agneau à l'ail

4 PORTIONS

30 ml	huile d'olive	2 c. à soupe
700 g	épaule d'agneau, désossée, en cubes	1 1/2 lb
15 ml	beurre ou de margarine	1 c. à soupe
125 ml	chapelure	1/2 tasse
3	gousses d'ail, hachées	3
45 ml	persil frais, haché	3 c à soupe
500 ml	bouillon de poulet	2 tasses

1. Dans une casserole, chauffer l'huile. Faire revenir la viande de tous les côtés sans la laisser rôtir. Retirer du feu. Réserver la viande dans un plat.

2. Dans la casserole, faire fondre le beurre ou la margarine, ajouter la chapelure et la faire dorer en brassant. Ajouter la viande et remuer pour bien l'enrober de chapelure.

3. Mélanger l'ail et le persil, verser dans la casserole.

4. Ajouter le bouillon de poulet et laisser mijoter, à feu lent, 45 minutes, en remuant de temps à autre, pour que la viande soit uniformément recouverte de chapelure et du mélange d'ail et persil. Si vous désirez plus de sauce, ajouter un peu d'eau. La liaison se fera automatiquement avec la chapelure.

 Herbes et épices

Bâtonnets de poisson au sésame

4 PORTIONS

125 ml	chapelure	1/2 tasse
60 ml	graines de sésame	1/4 tasse
60 ml	fromage parmesan, râpé	1/4 tasse
15 ml	paprika	1 c. à table
	sel et poivre, au goût	
450 g	turbot, coupé en bâtonnets	1 lb
1	œuf, battu	1
15 ml	huile de maïs	1 c. à soupe

1. Dans une assiette, mélanger la chapelure, les graines de sésame, le fromage parmesan, le paprika, le sel et le poivre.

2. Préchauffer le four à 180 °C (350 °F). Passer les morceaux de poisson dans l'œuf battu, puis dans le mélange de chapelure.

3. Déposer les morceaux de poisson sur une plaque à pâtisserie huilée. Cuire au four pendant 5 minutes.

4. Retourner les morceaux de poisson. Cuire pendant 5 minutes.